台湾首任巡抚刘铭传

Taiwan Shouren Xunfu Liumingchuan

十载河东十载河西，眼前色相皆成幻；
一时向上一时向下，身外功名总是空。

姚永森 ◎ 著

安徽人民出版社

责任编辑:周子瑞　刘　超　　　　　　装帧设计:韩玉英　钱志刚

图书在版编目(CIP)数据

台湾首任巡抚刘铭传/姚永森著. - 合肥:安徽人民出版社,2007.11
ISBN 978 - 7 - 212 - 03158 - 9

Ⅰ. 台…　Ⅱ. 姚…　Ⅲ. 刘铭传(1836—1896)—传记
Ⅳ. K827 - 52

中国版本图书馆 CIP 数据核字(2007)第 175696 号

台湾首任巡抚刘铭传

姚永森　著

出版发行:安徽人民出版社
地　　址:合肥市政务文化新区圣泉路 1118 号出版传媒广场
邮　　编:230071
发 行 部:0551 - 3533258　0551 - 3533292(传真)
编 辑 室:青年读物编辑室
经　　销:新华书店
制　　版:合肥市中旭制版有限责任公司
印　　刷:合肥瑞丰印务有限公司
开　　本:787×960　1/16　　印张:11　　字数:160 千
版　　次:2009 年 3 月第 1 版　　2009 年 3 月第 1 次印刷
标准书号:ISBN 978 - 7 - 212 - 03158 - 9
定　　价:20.00 元

编 委 会 名 单

序

张苏洲

　　作为一个行政区划的概念，"安徽省"的提出至今不过 340 年。而在清康熙六年正式设省命名之前，这片阳开阴合的土地早已风云际会、气象万千。星垂平野的沉雄陆地，造就了风起江淮的激荡运势。一片文明发祥、文化昌盛之地，自东向西，两条横贯境内的大河，把安徽分为皖北、皖中、江南三块自然区域。因为兼具北雄南秀的独特地利，所以安徽荟萃了历史文化、民风习俗的不同神韵。所谓一方水土养一方人，安徽可以说是地灵人杰相得益彰，说它"代产英雄，龙跳虎卧"，是赞叹，也是历史的真实写照。

　　从自然景观上看，安徽有集千山之秀的黄山，有汇万水之源的长江；而人文景观，除了那些历史遗存的建筑、文物、遗址之外，还有许多"非物质"的壮观景象：一座座思想雄峰傲然千古，一代代英才伟人灿若星河，它们共同构成了人文版图上的奇伟地貌。对后人而言，悠久岁月里所蕴含的这些宝贵资源，从来都是一座有待开发的思想富矿。今天，当具有广泛影响的电视媒介，在回望身后的史实与远去的人物时，该用怎样的视角和观照，做好做活历史这篇大文章，不仅事关文化面向大众传播的效率，更关乎文明在一个变化时代的薪火传承。

　　安徽是文化资源大省，如何尽早成为文化大省和文化强省，这个发展的课题，已经步入一个正在实践和加速实现的进程。它需要创新的思维和开放的胸襟，需要对自有文化资源的重新认识和评估，同时也需要更广泛的文化普及和宣传。

　　《新安大讲堂》的创办，可以说是这个大背景里的一个折射古今的镜头。在安徽电视台公共·新闻频道众多栏目中，这个栏目的特

殊之处在于,它的着力点,并非直接为观众提供刷新的新闻资讯;而侧重用今天的眼光,立足现实的基点,搭建一个通达古今的思想交流平台。通过名家名师对皖人皖事的梳理、分析和讲述,引领观众一起穿越时空,在一次次深长的回眸中,走进历史情势和环境里,去认识、了解历史事件的来龙去脉及其影响,去判别、评价历史上风云人物的功过得失。这样一方面能给观众重学历史、温故知新提供些许方便,另一方面或许能在认识、分析问题时,给大家提供一些历史视角的参照,长此以往,会在潜移默化中,调动大家学习思考的兴趣,激发观众的历史认同感和文化自豪感。

从这个意义上说,《新安大讲堂》不单是一个电视栏目,还应该是一座分享人文思想的大课堂,一个面向观众的文化广场。

正是受这种责任和使命的感召,许许多多学者、嘉宾走进了新安大讲堂,他们以专业的水平,精心准备了一次次普及型的演讲,借助三尺讲台,广布人文思想。应观众要求,我们推出了这套电视丛书,以学者、电视和出版的三方互动,实现历史文化的更广泛传播。并借此机会求教专家、读者,希望大家献计献策,共同办好我们的《新安大讲堂》。

(作者系中共安徽省委宣传部副部长、安徽
广播电影电视局局长、安徽电视台台长)

目录

目录

一 闯荡乡里

　　中国国民党荣誉主席连战的祖父连横曾在他的《台湾通史》中称赞刘铭传是一个"妇孺皆能识姓名"的人,也是一个"有大勋劳于国家者"。之所以有如此高的评价,是因为刘铭传一生做过的三件大事中,除跟随李鸿章平定太平军和捻军起义外,还有两件大事都与祖国领土台湾紧密相关。一是公元1884年7月,正值中法战争爆发之际,刘铭传毅然受命以福建巡抚衔督办台湾军务,领导台湾军民英勇地抗击法国入侵者,捍卫了台湾主权;一是公元1885年10月12日,清廷正式宣布台湾建省,刘铭传任首任巡抚,直到公元1891年6月离职。抚台6年期间,他在台湾设防、练兵、抚番、清赋,积极改革,实施产业开发计划,使台湾的政治、经济、军事、文化教育等都有了空前发展,诚如时人所说,"以一岛基国之富强","以一隅之设,为全国树立典范"。正是后面的这两件大事,当代史学者得出结论,认为刘铭传是一个保卫台湾主权的封疆大吏,是一个巩固国家统一的促进派,是一个台湾近代化的先驱者,"溯其功业,足与台湾不朽"。

　　这样一个赫赫有名的人物,其出身却是卑微的,青少年时期还一度成为当地政府捉拿的"罪犯"。

　　刘铭传,字省三,号大潜山人,公元1836年9月7日(清道光十六年七月二十七日)出生于安徽肥西县大潜山下潘龙墩。潘龙墩距后改名的刘老圩3公里。刘铭传的祖籍是江西省进贤县紫溪村。公元1360年(元至正二十年)后,江西成为当时吴国公朱元璋和大汉王陈友谅争夺天下的战场。为避战乱，有一个名叫刘赛的人率全家迁居今安徽肥西县大潜山麓，先居小河畈，再迁余家店，后徙大烟墩北第十三保，即旧称刘氏院墙的地方。刘赛于是成为迁居肥西的刘氏的始祖。刘赛生有一子，名号不详，只知道他乳名叫五公。这是刘氏的二世祖。第三世祖刘道真，生有两个儿子，长子叫刘海，次子叫刘宽，他们是刘氏的第四世祖。刘海、刘宽各生一个独生子分别叫刘廷玉、刘廷玺，他们是第五世祖。由于家族的繁衍，刘廷玺率本房人迁到大潜山北面的潘龙墩，被刘家人称为刘氏老二房。而定居原先大烟墩北处的刘廷玉一房就被称为刘氏老长房。

刘铭传出生地区安徽肥西县大潜山

　　刘铭传是刘氏老二房的后代，计算世系，他是第十四世。刘氏老长房和老二房虽是同一祖先，但门庭和境遇却有天壤之别。老长房的后代多是读书人，家中也很有财产和田地，中举登科的人很多，可见是书香门第，世代富豪。而老二房的后代却显得寒酸落魄，他们绝大多数世代务农，虽然有些人家有些钱财，但从刘廷玺开始，就没有出过一个秀才和举人。从刘铭传的曾祖父刘琦起，到祖父刘廷忠，到父亲刘惠，到刘铭传一代，靠祖上遗留下的一点薄地和租耕他人田地维持生计，日子过得十分艰难。如果算阶级出身的话，属于贫下中农一类。刘铭传的父亲叫刘惠，字怀刚，生于公元 1790 年

（清乾隆五十五年）。刘惠的老婆周氏与他同年生，只比他大四个月零十四天，是当地贫农周士礼的女儿。刘惠夫妇为人忠厚老实，胆小本分。虽然家中不宽裕，他们却喜欢在寒冬腊月里资助一些衣服、钱粮给更穷的人家。人们称刘惠为"刘老好"，举一个例子即可说明。有一次，有人偷砍了他家的一棵树，被众人捉住，按理当送官审问，或赔偿了事。刘惠怕惹是生非，急忙备了酒席款待了"获盗者"，即逮到贼的人，酒席间偷偷地释放了盗树人。看来他的"老好"中不失精明。因为送官审问，衙门差役们又来调查，刘惠怕又要盛情款待，结果一棵树的钱可能要盘成一幢屋的钱。刘惠夫妇没有女儿，却生了 6 个儿子。刘铭传排行老六，乳名就叫小六子。小六子刚生下时，长得天庭饱满，隆鼻宽额，一双眼睛更是大而有神，很讨已经 46 岁的刘惠和周氏夫妇的喜欢。没料想一场天花袭击了小六子。天花在旧时是很厉害的病。据说清朝顺治和同治皇帝都是出天花死的，以至于康熙皇帝下了一道内部指示，未出天花者不能继承皇位。小六子得了天花，奄奄一息，家人已经在为他办理后事了。

但刘铭传硬是挺过来了。据他自己说，在奄奄一息中，他梦见一只斑斓大虎向他扑来，吓得他出了一身冷汗，醒来后，顿感通体舒畅，不过，脸上却留下"陷斑"和"疏麻"，也就是说成了一个麻子。同乡人和几个兄长都喊他"六麻子"或"么麻子"，刘铭传也不生气，相反答应得干脆。日后他显贵了，也不避讳。比如他曾在自画梅花图上题诗："圈圈点点又叉叉，顷刻开成一树花。若问此花何人画，大潜山下刘六麻。"六麻子虽然其貌不扬，但史载："眸子烁烁如岩下电，语言皇大。"就是说他目光如电，声震屋梁，给人以一种强烈的威严感，同年龄的小孩见了他都有些害怕。怕他的另一个原因就是六麻子会打架，在玩耍"开仗"的游戏中，刘铭传仗着他身手的敏捷灵活和性格的凶狠泼辣，常常将对方打得抱头鼠窜，号啕大哭。一些少年的家长便告状上门，惹得六麻子的父亲生气，母亲落泪。

刘惠夫妇希望小儿子能成器，就送刘铭传到本家刘盛藻在大潜山北清规寺所办的私塾里读书。刘氏家族辈分从铭字以下是按照"盛朝文学、辅治贤良、谟诒孝友、业著辉光"16 字排列的。刘盛藻，字子务，是一个在多次科举考试中落第的穷秀才。由于家贫，他只好在家乡办了个私塾维持生计。论年龄,他比刘铭传大很多岁;论辈分,刘铭传却是刘盛藻的族叔。就是这个堂侄——刘盛藻在他人上门告刘铭传状时,对刘惠夫妇说:"我看你家小六子,升平之世是块废物,乱世倒可能成为英雄。"刘铭传日后也曾作七绝一首自我评价:"自从家破苦奔波,懒向人前唤奈何。名士无妨茅屋小,英雄总是布衣多。"诗句读来豪宕沉雄、不同凡俗,不是一般文绉绉的学士能写出来的,以至于当时光绪皇帝的老师、状元出身的大学士翁同龢也称赞刘铭传为"武臣中之名士也"。这说明刘铭传在私塾里的确学了不少东西。史载,他对医药、气象、风水、占卜、五行和兵家等杂书十分喜好,"尤好治兵家言,常以大兵家皆以治兵列奇零之数,其正者则在治国",就是说大兵家把治国列为正道,而治兵则摆在小菜一碟的位置。他还曾登上大潜山巅,仰天长叹:"大丈夫活着要封爵号,死了要有谥号。"看来他胸中早有大志。

但大志也好,学问也好,抵不上一个现实生活问题——从11岁到15岁,刘铭传的父亲刘惠、大哥刘铭翠、三哥刘铭盘接连去世。其他的3个哥哥铭玉、铭鼎、铭彝又各自成了亲,有了自己的小家。只剩下16岁的刘铭传与母亲周氏艰难度日。用刘铭传自己当年对友人的话说:真是生计拮据,度日如年。没有办法,刘铭传借着上学的机会,秘密地加入当地贩卖私盐的团伙。这是一个很来钱的生意,但却要担当很大的风险。因为清朝法律规定,贩卖私盐,罪当坐牢,重者还要被斩首示众。由于清规寺私塾离刘铭传家有十几里路,刘母周氏为让儿子安心读书,就让小六子寄宿在那里,这就为刘铭传搞走私活动提供了机会。当这个善良的农村老太听说自己的儿子已"入伙",作奸犯科时,脸都吓得变了色。周氏赶忙找刘铭传的几个哥哥商议,决定赶快给刘铭传娶个媳妇。新娘子程氏娶回家了。她是六安县程家圩子程礼仁的女儿,22岁,比刘铭传大整整6岁。这在北方不算什么稀奇事,而在南方却是非常罕见的。这是什么原因呢?

原来周氏规定了新娘子的两个条件:一是年龄要比"小六子"大,二是性格要泼辣一点,能管束住丈夫。程氏正好符合条件。史载,程氏非常泼辣、果断,而且会武功,能打斗。一般人家娶不起,不愿娶,不敢娶。《刘氏宗谱》里说,在公元1854年天下大乱时,由于刘家"家道骤落",肥西一带土匪成群。年满 24 岁的程氏就背着儿子,持戈策马回六安娘家,中途遇七八个持刀挺矛的土匪企图拦路劫财劫色。程氏乘其不备,挥刀奋杀,杀出一条血路,安全回到六安,可见本事真是好生了得。史书上还记载,刘铭传脾气大,常常在衙门内对部下声严色厉,大发其火,痛加指责。手下的人一遇到这种情况,马上就把程氏请来。她一到,即咳嗽一声,还未说话,刘铭传就峰回路转,云开雾散,和颜悦色起来。程氏这才表扬丈夫一句:"咳,这才是爱护部下的态度嘛。"太平天国军队占领安徽期间,各地兴办团练,修筑圩子。一天,刘老圩圩主刘铭传带领本圩男人们出征。圩内只剩下为数不多的妇女和小孩。与他们有仇怨的郭家寨寨主郭鲁黄出动全寨壮男

刘铭传夫人程氏遗照

直扑刘老圩。程氏见情况紧急,赶忙抽起吊桥,关上圩门,催促众妇女上阵。她本人和一个老年妇女"凭墙发炮"。炮弹不够,又动手现制,硬是在敌军围困万千重的危急关头击退了郭家寨人,守住了刘老圩。程氏的泼辣和果断,由此可见一斑。

公元 1853 年 3 月 19 日(咸丰三年二月十日),太平军攻克南京,并在这里定都,易名天京,5 月又开始北伐,道出安徽和河南。安徽北部以贩卖私盐和拐卖人口起家的"捻众"组织成捻军予以响应,肥西六安县一带受到强烈波及。同时,自 1854 年到 1858 年,这一带连年大旱,"赤地千里,室庐被焚,荡然一空"。安稳了几年的刘铭传见"乱世"已到,开始静极生动,为生计重新干起了贩卖私盐的活动。金寨县有一个大的集镇叫麻埠,埠上有一胡姓地主官商,开了一个规模相当大的当铺,远近闻名。他与官府合作,经常截住盐路,把没收来的私盐充当公盐,卖给百姓。刘铭传一伙人吃了他们不少亏,决意报复。一天夜间,一伙人洗劫了这家当铺,临走时还放了一把大火。在这次洗劫事件中,肥西老家有到麻埠镇做生意的人看到"六麻子"参与其事,回去后互相传告。自此,刘铭传是土匪头

目的名声在肥西乡间不胫而走,官府开始把目光聚集在刘铭传的身上。公元 1856 年 8 月,"官亭抢劫事件"发生,刘铭传成为官府日夜追捕的对象。

官亭是当时庐州府西边的一个大镇,现在属于肥西县,离刘家有七八里。由于连年旱灾歉收,肥西一带饥民四布,饿殍遍野。镇上有一富户囤积了大量粮食,既不施舍,也不出卖。饥民们于是"聚而哗",抢劫了这家富户。官府闻讯,立刻派人侦查,大约刘铭传是高山打鼓——名声太响,饥民们都说领头的是"六麻子"。官兵当即赶到刘家去捉拿。刘铭传早已远飞高飏,刘妻程氏避居六安娘家。刘母周氏仓皇躲到刘铭传大伯刘殷的儿子家。官兵们见没有捉到人,也没有看到赃,就一把火烧掉了刘铭传的家。几天以后,刘铭传偷偷回到家乡探望老母,周氏问起这事的缘由,刘铭传横眉怒目,"仰面号呼曰:'市有虎,曾参杀人。恶马踶群,酷吏灭门,冤乎哉,余又何云?'"从刘铭传这句慨叹中,我们可以看到,他用了两个典故:一是"三人成虎",出自《战国策·魏策二》,说的是庞葱对魏王说,连续有 3 个人谎报集市上有老虎,听者就会信以为真。一是曾参杀人,出自《战国策·秦策二》,说的是连续有 3 个人误报曾参杀人,原先镇静自若、照常织布的曾母就害怕起来,连忙丢下织布梭子,翻墙逃跑了。刘铭传说"官亭抢劫事件"中,他是天大的冤主。这并非没有可能。因为旧时犯案人在没有特殊原因的情况下,是信守着"兔子不吃窝边草"的准则的。在交谈中,刘铭传又得知就在他归家前,一个名叫李天庆的土豪也趁机带人到他们刘家,把刘氏族长、刘铭传的大伯父刘殷打得鼻青脸肿,口吐鲜血。新仇旧恨积聚心中,刘铭传对他的几个哥哥吼道:"大丈夫贵当自立,怎么能忍受这种奇耻大辱,我去找李天庆算账去。"说着掉头出门,一口气跑了几里路,追上了李天庆一伙人。李天庆是这一带的土豪巨霸,会武功,头上顶着一个团总的名义,拥有数百名团丁,经常在乡间搜刮民财、欺男霸女。赤手空拳的 18 岁的刘铭传岂是他们的对手?

果然,李天庆在刘铭传诉说完后哈哈大笑道:"我当是谁?你就是刘殷的侄子呀,你就是官亭抢劫的土匪头子六麻子呀,你大伯父我打了又怎么样?你犯案在身,胆子不小,竟敢找上门来,简直是老虎嘴上捋胡须。你不是骂我该杀吗,算你有种,你要有胆子敢杀我,便算好汉，否则，我马上叫人把你押送到衙门去。"说完，李天庆拔下腰刀，丢在地上，狂笑起来。刘铭传看到他如此轻狂嚣张，听到他又在诬蔑自己是官亭抢劫事件的头子，不禁怒火中烧，一个箭步，从地上抓起刀来，顺势向李天庆砍去。那李天庆猝不及防，从马上摔下地来。刘铭传再一刀，只听"咔嚓"一声，李氏的脑袋被割了下来。众团丁大惊失色，急忙逃散。刘铭传回身骑上马，提着李天庆的脑袋，大叫道："李天庆仗势欺人，鱼肉乡里，今天我六麻子把他杀了。"刘母周氏听说此事，知道儿子这回犯了王法，连吓带气，当天就一命归天，时间是咸丰六年七月二十一日，即公元 1856 年 8 月 21 日。他的大伯父刘殷也很快"积忧成疾"而死。所以史书上记载：刘铭传"杀人报仇，扞法网，母殁"。刘母周氏是如何死的？乡间口碑传说不一。一是说她吓得双目失明，惊恐而亡，也就是死于"吓破了胆"；另一种说法是她听说小儿子杀了李天庆消息后，当天就吊死在桂花树上。不管如何死法，都属于非正常死亡。这对一向孝顺的刘铭传刺激很大。正因为如此，刘铭传在日后显贵时，每到母亲忌日和自己生日的那天，都要跪在周氏的牌位和画像前痛哭不已。他曾向他的好友徐子苓吐露心声，深深悔恨自己当年的莽撞牵累到母亲。他说，一提到老母的死，一想到当年老母勉励的话，他就"心痛"，他就"悲怨"，他就"伤感"。

据史书记载，刘铭传杀李天庆出于一时气愤，之后却很害怕，不知何去何从。这时，太平军和捻军派人与他联络，带来一面起义的旗帜，要他竖立起来。来人刚替他竖起旗帜，一阵狂风吹来，旗杆折断，旗帜吹走。杂书读得较多的刘铭传开口了，说："旗帜不竖了，来人，送客。"这时，他想到了他的堂侄也就是他的私塾老师刘盛藻，于是骑着马奔跑了十几里路来到了刘盛藻的家，一下马，就跪倒在刘盛藻的面前。刘盛藻大吃一惊，说："你是长辈，我是晚辈，世上哪有叔叔给侄子下跪的道理？"用我们现在的话说，这就是枪扛倒了嘛，而刘铭传则说："你是老师，我是学生，求您指点后路。"堂侄刘盛藻果然给刘铭传指点了一条路，并和他一起走了下去，一路飙升起来。欲知这是一条什么路？请看下集：《一路飙升》。

二 一路飙升

上集我们说到刘铭传在堂侄兼老师刘盛藻面前长跪不起，请求指点后路。刘盛藻沉思一会儿后说道："寇深矣，可奈何？与其日奔驰于烽火扰攘之中，曷若团练以捍卫井里乎？"这是劝告刘铭传放弃以往的行当，投到清王朝的旗帜下，在乡兴办团练，来抵御太平军和捻军。

有必要简要介绍一下当时安徽的形势。公元 1856 年 4 月（清咸丰六年三月），太平军攻破了清军江南大小营垒 120 座后，又于 6 月一举摧毁江南大营，清廷钦差大臣、督办江南军务的向荣自缢身亡。这时，皖省的安庆也被太平军占领。太平军还相继攻克了庐州、舒城、桐城、六安、英山、霍山、寿州等地，击毙了安徽巡抚江忠源，迫使安徽团练大臣吕贤基投水自尽。先后担任安徽巡抚的蒋天庆、周天爵、翁同龢、福济所统率的军队也尽打败仗，处于偃旗息鼓、望风披靡的状态。在太平军的推动下，皖省捻军于公元 1856 年 2 月（清咸丰六年正月）在涡阳雉河集会盟，共推张乐行为盟主，称大汉盟主，建立五旗军制，聚集 10 万大军响应太平天国，声势浩大。清朝安徽的地方政权已基本上处于土崩瓦解的状态，以致时人惊呼："揭竿响应，全皖糜烂，无一寸净土。"这就是刘盛藻所说的"寇深"的状况。

刘铭传立即表示听从劝告，与老师刘盛藻募集起主要由刘氏家族人组成的四五百人，分别在清规寺和刘老圩筑起堡寨，办起了团练。什么是团练呢？团练、团练，意思是团集训练，人员自募，经费自理,助官作战,捍卫乡里。这是历代统治阶级用作编练地方民团的名称。对抗朝廷、犯了王法的刘铭传一下子站到清王朝的旗帜下,成了刘老圩民团的团长。这其中的原因不妨作一些分析。

刘铭传故居

一是刘盛藻的指点和提携。刘盛藻中过秀才,是一个乡村知识分子,有抱负,有谋略,他与全国大多数接受儒家思想的汉族知识分子一样,对太平军宣扬西方上帝理念、毁灭中华传统文化的举动十分仇视,理所当然地站在它的对立面。正好六安举人、原山东藩司即财政厅厅长李元华接到上级"速办团练,对抗发捻"的命令。他与刘盛藻关系不错,就要他物色人选。在外闯荡多年、凶狠泼辣、机警多谋的刘铭传就成为刘盛藻心目中的对象。而此时刘铭传正好犯了事,恰似热锅上的蚂蚁,不知何去何从?于是两者一拍即合,老师的拉拢提携成了刘铭传在茫茫黑暗中的一线光明。

二是刘铭传本人有儒家正统思想。他毕竟读过私塾,受过儒家思想的教育,少年时就在大潜山感叹:"大丈夫当生有爵,死有谥。"他想在正统政权下建功立业。但他也有顾虑,因为犯了王法,怕正统政权不带他玩,或带他玩一会就把他关起来或杀掉。但刘盛藻拍着胸脯打包票说:只要集合在反对太平军和捻军的旗帜下,政府对以往问题一概予以包容,搞得好还能受到提拔和重用。刘铭传对刘盛藻一向佩服,也知道他后面有背景,一向说话算话,当即表示"恭顺遵命"。

三是家族的影响。在旧中国,以宗族为范围的族权统治相当牢固。它与政权、神权、夫权一起成为维系封建统治的四根支柱。族内事务照例由族长和族内有地位、有影响的知识分子左右。刘铭传的大伯父刘殿是刘氏一族的族长,他家是乡内的殷实富户,与刘铭传一家关系不错。他对太平军和捻军是持强烈反对态度的,由于遭李天庆的毒打,同时也由于"感怀时事,积忧成疾"而死。这不能不对刘铭传有所影响。再加上刘铭传这一族人很多子弟在刘盛藻所办私塾里读过书,受过他的指教,比较听他的话,包括刘铭传也在其内。他的反对太平军和捻军的政治态度可以说是影响巨大。刘铭传成为刘老圩民团团长以后,起初本族的一些人并不服他。因为他毕竟犯过王法,受过通缉。任凭刘铭传满脸霸气、施加惩罚也无济于事,威信难以树立。这让刘铭传很犯愁。这如何是好呢?

犯愁中他想出了三个点子,一是编造"天命"神话。他曾下令将刘老圩附近一座庙中的数百尊铜佛熔化后制成铜炮,当时乡里人迷信,认为此举得罪天神,必遭报应,但刘铭传安然无恙。于是,在他的授意下,一些心腹就编造出刘铭传是黑虎星下凡的流言。有人说得活灵活现,说有一次到民团团长刘铭传睡觉处汇报事情,一进屋不见其人,但见床上躺着一只斑斓大虎正在闭目吐气,声震屋梁,吓得连忙掉头走人。这么一搞,原先的不服气和怨言开始被盲从和敬畏所代替。二是采纳族兄刘春山建议,变卖自己以往贩卖私盐来的家产,换成粮食,作为练众的口粮。族内的新任族长刘建斌也助他一臂之力,"散谷赈荒",终使一族人渡过灾荒,感激代替了怨恨。三是无条件接受清廷官员的调派,勇猛参战,争取被封个一官半职,改变以往不佳形象。这一愿望终于在公元 1859 年 9 月 1 日后获得实现。这一天,太平军攻打肥西长城、官亭两地,形势十分危急。李元华调不动其他堡寨圩子的人马,就下令刘老圩和清规寺的刘铭传和刘盛藻团练参与"协剿"。刘铭传和刘盛藻率军奋力厮杀,使太平军在官亭和长城处失利,退走六安。事后,论功行赏,刘铭传经李元华极力推荐后,被安徽巡抚(省长)福济"保奖千总,并五品顶戴"。他终于弄了个营长当当,并戴上了个五品级的官帽。

公元 1861 年 11 月,合肥李二先生李鸿章在安庆奉曾国藩之命回乡招募淮勇,编练淮军,准备到江苏和上海同太平军作战。刘铭传、刘盛藻经同乡张树声、周盛传的推荐,受到了李二先生的召见。李鸿章要他们组织一支 500 人的队伍随同他出发。刘铭传是一个恋家思想十分严重的人,听李二先生说要背井离乡到江苏,很是犹豫。一旁的刘盛藻老师当即代他回答:"我们这就去准备。"出营后,他对刚满 25 岁的刘铭传说:"你年纪轻轻,负有大志,气宇恢廓,又骁勇善战,岂能局处乡里?"一席话说得刘铭传恍然大悟,连声说:"对!对!对!"后来,在他出发时曾作一首《辞家晓行》诗。诗中说:"拜别亲朋去故关,举家相送泪潸潸。从戎气壮晨趋马,破晓云开鸟出山。人值少年当自立,身逢乱世敢偷闲?中兴将帅堪平寇,我待成功便早还。"诗中最后一句还是说要早回家。

刘铭传和刘盛藻得令后即回到刘老圩和清规寺,经过一番精心挑选,组成了一支 500 人的队伍,号称"铭字营"。从《刘氏宗谱》里,我们可以看到,"铭字营"是以宗族结合为基础的,时人称为"刘家子弟兵"。在这支队伍中,刘铭传职位最高为千总,他的辈分也最高,部下有称呼他为六叔、六爷、六曾祖的。刘铭传在组建"铭字营"时也特别注意这点。凡与他同班辈的或比他大一辈分的,刘铭传都要他们守卫故里,其意不言自明,他是用宗族和家族关系更好地指挥这支部队。"铭字营"除他一人是"铭"字辈之外,属于"盛"字辈的主要骨干有刘盛藻、刘盛休、刘盛璋、刘子荆、刘子维、刘盛祥、刘盛锦、刘盛增、刘盛濯等。其中刘盛藻和刘盛休为刘铭传的得力助手"以偏裨从"。属于"朝"字辈的有刘朝熙、刘朝鸾、刘朝祜、刘朝带、刘朝佐等。属于"文"字辈的有刘文森、刘文科等。此外,还有刘铭传在贩卖私盐、为人打工和兴办团练中结识的视为"能战"的朋友,如唐殿魁、唐定奎、苏得胜、章高元等。一时"群众子弟,追随战伐"。类似这种用同乡、同族、密友、师生四种关系纽结成的张树声的"树字营"、吴长庆的"庆字营"、周盛波的"盛字营"、潘鼎新的"鼎字营",也被李鸿章招募而来。所有各营如同湘军一样,彼此不相统属,各营独立自主,只服从李鸿章一个人。公元 1862 年 2 月(清同治元年正月),李鸿章率领这 5 营约 3500 余人的部队到达安庆,与曾国藩拨给他的原湘军程学启、郭松林等营部队合并,总兵力约

6500余人,称淮军。

刘铭传的性格是桀骜不驯、伉直爽朗的。在动身前往上海之前,李鸿章带着淮军中张树声、吴长庆、潘鼎新、周盛波和刘铭传几个合肥将领去拜谒大帅曾国藩。曾府气派宏大,森严壁垒,在管家引导下,他们通过五道门岗才到达客厅。而每道门岗上都有十来名持戈的将士横眉怒目、吆五喝六地站在那里。戈剑在阳光下闪着逼人的寒光,武士的盘问则颐指气使。从乡下来的张、吴、潘、周在这种逼人的气势下诚惶诚恐,唯独刘铭传心存不满。碍于众人面,他不好发作。到客厅坐下后,管家告诉李鸿章等人说,曾帅午睡未醒,请各位静等。张、吴、潘、周等人屏住气息,正襟危坐,连经常进出曾府的李鸿章也规规矩矩,默不作声。草野出身的刘铭传坐了一会儿后就耐不住了,他站起来,开始在客厅里走来走去。将近半个时辰,还未见曾国藩出来。刘铭传终于按捺不住,当着众人的面发作起来。

只听刘铭传说道:"烽火期间如此静候,岂不延误军机？对部下如此怠慢,岂不令人心冷？周公一沐三握发,一饭三吐哺,以待天下贤士,而曾帅的架子摆的太大!"肚里有货的刘铭传在这句牢骚话中又用了两个典故。一是周武王弟弟周公辅佐侄子周文王,为接待贤士三次中断洗头而把头发束起来；二是为接待天下贤士,周公吃饭时三次来不及咽下又吐出来,其目的是怕对天下贤士失礼。当然,他的牢骚受到李鸿章的呵斥。还未等李鸿章"放肆"声止音,就听到管家高喊"大帅到"的呼喊声。曾国藩从屏风后面杀气腾腾、怒气冲天地走了出来。李鸿章连忙叫几个人站立起来,接受曾帅的接见。在李鸿章的介绍下,曾国藩用冷眼一一地打量着他们,不发一言,然后点点头,挥挥手,叫他们开路,只单独留下李鸿章一个人。在回来的路上,张树声、吴长庆、潘鼎新、周盛波等人都责怪刘铭传:"六麻子,你是乡里狮子乡里舞,都出道好几年了,你那个犯上的脾气还是不改。"刘铭传说,"我是实话实说",对他们的埋怨并不认同,但心情一下子跌入低谷。

李鸿章回来后,宣称要单独召刘铭传密谈。刘铭传于是怀着沮丧的心情走进李府,出来后却满面春风。事后,他只把自己喜悦的原因告诉刘盛藻一个人。原来,曾国藩一向把自己看作是风鉴人物,看作是伯乐,常说:有大气魄的人不生闲气,有大眼光的人不会迷眼,有大能耐的人不逞小能。他很高兴希望看看他的门生李鸿章所用的几个合肥将领究竟是些什么人物,就故意叫他们等候,自己躲在屏风后观察了好半天。之后,他对李鸿章说:"少荃(李鸿章的字),这些人都不差,将来都有成就的。其中那个麻皮青年的成就会更大。如果用得顺手的话,将来能给你鼎力相助。"这就是刘铭传为什么满面春风的原因。

但李鸿章却隐瞒了曾国藩对刘铭传动了杀机的一段话。事情的经过是这样的。李鸿章很惊奇曾国藩对刘铭传的特别评价,就问:"何以见得?"曾国藩道出了原因:"各人在见我出来时都改容屏息肃立,只有那个麻皮青年不一样。那个麻皮青年叫什么来着?"李鸿章连忙答道:"刘铭传。"曾国藩接着说道:"这个刘铭传额广面长,钟声铁面,颇有麻斑,有雄侠威凌之气,在等候时出言不逊,见我走过,又昂然而立,眉宇间仍有不平之色。此人胆量和才气都远在诸人之上。不过,如不能用,便杀了他,以免后患。"李鸿章连忙为刘铭传说了好话,并特别强调他足智多谋,骁勇善战,少年时就有"生有爵,死有谥"的抱负,是个朝廷可用的人才。曾国藩这才收住杀心,慢慢说道:"须好好地看待他,此人能干大事,也善抓小事,会有大出息,用得好,将来是国之栋梁。"由此看来,曾国藩的"好好地看待他"就有了三层意思,一是好好地对待他,二是好好地看着他,三是要好好地锤打他。

当天晚上,李鸿章请诸位将领吃小元宵。因为这一天是正月十五元宵节。小元宵不过像花生米一样大。吃过之后,李鸿章突然问道:"诸位,你们每人吃了多少个元宵啊?"张树声、吴长庆、潘鼎新、周盛波几个人面面相觑,说不出来。唯独刘铭传高声说道:"七十八个。"李鸿章点点头,不得不佩服曾帅的眼光太毒、太准。

蒙在鼓里的刘铭传受到李鸿章的激励,果然在上海浦东作战中身先士卒,奋力冲杀,先后从太平军手中夺回杭头、新场营垒。这时守卫南汇县城的两个太平军首领吴建瀛、刘玉林发生动摇。其中刘玉林想投降,吴建瀛还在犹豫中。刘铭传见这两个人手下有4000余人,纳降后正是扩充自己兵力的好机会。于是他派刘盛休前去洽谈,暗中通知刘玉林里应外合,做好迫降准备。刘盛休手提大刀,头

裹手巾,骑马奔到南汇军垒中,高喊:"吴建瀛,你是好男儿,降就降吧。我奉命前来催促你,如果诚心归降我们,日后有你的好功名!"吴一时惊愕,急忙回避。刘玉林连拉带拽地把他推到降军的前列。南汇县城被"铭字营"占领。在接连攻占川沙、奉贤和金山卫等地后,刘铭传经李鸿章的推荐,获得一个游击官职"以参将补用,并赏给骠勇巴图鲁名号"。其中游击官衔,相当于现在的旅长,巴图鲁原为蒙语,后被满语引进,是勇士的意思,清代用此作称号,赐给作战有功的人员。

李鸿章

当了旅长的刘铭传骄气开始上升,影响了驻扎在奉贤城的"铭字营"的一班人马。他们一个个志得意满,骄悍之气盈溢于眉宇之间。这时,刘铭传驻扎在奉贤城,他手下的"铭字营"也根据李鸿章的指示,配备了不少新式的洋枪洋炮。公元1862年8月的一天,几个认为是奉贤城"救世主"的刘氏子弟持枪上街游逛,因言语不通,买卖不合,就动手打人,被当地守军阻止。话不投机,几个刘氏子弟端起枪就"砰砰砰"朝当地守军射击。"铭字营"的兄弟听说自己的老乡被当地人欺负,连忙赶来相助,霎时枪弹横飞,路人倒毙,奉贤县陷入一片混乱之中。此事被李鸿章得知,他十分恼火,决定"好好地看待"刘铭传一下。

他上折奏参,上谕以刘铭传失察,予以革职留用。刘铭传大惊失色,连忙到李鸿章处谢罪,见通不过,又写了几份深刻的检查,表示痛悔,并严肃查处了几个滋事的人。李氏见他骄气被压服,还是个可以用的人,就从书案上拣出慈禧太后的懿旨,命令刘铭传与奉贤当地士绅名流一起参加一个纪念仪式,一来是奉旨办事,二来要刘铭传当面赔礼,消消当地人心中的气,三来联络联络感情。刘铭传恭顺从命。在以后攻打上海虹桥四江口的战斗中,他以解四江口之围的功劳,被"上谕开复原官,以副将尽先补用"。

不久，淮军到苏南同太平军作战。刘铭传的官职又一路飙升上去，先后升为参将、副将和总兵，也就是相当于现在的师长、副军长和军长。江阴一战，他又因战功，被擢升记名提督。无锡之战，李鸿章上书报功："刘铭传血性忠勇，摧锋陷阵，请旨优加奖赏。"清廷批准："著加恩赏头品顶戴。"顶戴是清代用来区别官员等级的帽饰，通常皇帝可赏给无官的人某品顶戴，也可对次一等的官赏加较高级的顶戴。比如总督为从一品官，赏加头品顶戴，即等于按正一品待遇。刘铭传以记名提督被恩赏头品顶戴，可说是破格提拔了，等待他的将会是更大的官职。果然，公元1864年8月之后，刘铭传率军由苏南转战浙江，继而北上攻占广德。"上谕著刘铭传补授直隶提督"，其职位相当于现在的北京军区司令员。是什么原因使他得到如此高的职位呢？

原来，公元1864年7月19日（清同治三年六月十六日），天京被曾国藩的湘军攻破。洪秀全的儿子洪天贵福于第二天凌晨由忠王李秀成护送出城，不久由干王洪仁玕等送到安徽广德，继被太平军堵王黄文金等迎入浙江湖州，8月间又回广德。刘铭传这时已到达广德城下。他率军拼死攻城，使太平军堵王黄文金重伤退出战场，接着又在广德附近的白牛桥将黄杀害。洪天贵福和干王洪仁玕率残部由广德南门撤出，以后被俘身亡。清廷溯源功劳，认为刘铭传占头功，所以直接将他从记名提督实授直隶提督。在以后参与平定捻军的作战中，刘铭传又立下不少战功。清廷见他武臣的职位已到顶了，就在名号上换来换去。公元1867年，在东路捻军失败后，李鸿章上折表彰刘铭传："扼守运河，并军兜剿，大获奇捷，实创自刘铭传。臣自剿捻三年，论功以直隶提督刘铭传为第一。"清廷于是给了刘铭传一个三等轻车都尉世职的赏赐，这是一种勋官的名称。他的名号也有了改变。"骠勇巴图鲁"换成"法克精额巴图鲁"，以满语换汉语，是表示荣誉的提高。公元1868年，在西路捻军失败后，刘铭传又被晋爵一等男。这是秦汉到清代五等爵公、侯、伯、子、男中的第五等爵位名称。刘铭传可说是功成名就。

在淮军程学启于公元1864年战死嘉兴之后，刘铭传的"铭军"就成为淮军中首屈一指的部队。全军12000人，分左、中、右三军和步、骑、炮三个兵种，所用武器全部改为"泰西新式"，就是说一色的洋枪洋炮装备。正如《清史稿》所说："淮军自程学启殁后,铭传为诸将冠","铭军最称劲旅"。

刘铭传故里

在一路飙升中,刘铭传也并非是个一路顺风的福将。他在公元1867年2月底攻打东捻军时,差点被俘,并留下以怨报德的不佳声誉。事情的经过是这样的:公元1867年2月(清同治六年正月),李鸿章与曾国荃约定湘淮两军在湖北尹隆河一带歼灭东捻军。湘军"霆军"司令鲍超和刘铭传约定双方在2月19日上午7时(辰时)出兵。这天上午5时(卯时),刘铭传就传令铭军进发,比约定时间早了2个小时。因为鲍超的"霆军"素以能战著称,刘铭传不想让他分领此战的功劳。部下唐殿魁恳求如约行军,刘盛藻却主张早行。刘铭传听了老师的话,部队很快开到尹隆河,看到东捻军就在对岸。求功心切的刘铭传下令留5营部队护卫辎重,然后亲率15营渡河攻击。东捻军早就严阵以待,立刻扑来迎战,并派一支骑兵绕过尹隆河袭击刘铭传的后路。刘铭传慌了,急忙抽队回援。这时捻军任柱率马队猛扑铭军左军,牛宏升直扑右军,赖文光扑中军。刘盛藻所率铭军左军5营首先败退,仓皇渡河逃亡。任柱又率军前来协助赖文光冲击铭军中军,形成密集的包围阵势。击退牛宏升进攻的唐殿魁急忙率铭军右军赶来援救中军。而中军这时已溃不成师。唐殿魁、李锡增在援救中阵亡,营官田履安、吴维章等也被击毙。刘铭传随着中军败退,但立刻被四面八方的东捻军围住,虽左冲右突也不能破围。绝望了的刘铭传只好与诸幕僚、将领摘下花翎,脱下官帽、官服,丢弃在路旁,随残军逃到一个废堡里等待束手就擒。

就在这时,鲍超的"霆军"赶来,以劈山炮连环轰击包围刘铭传残部的捻军,救出了刘铭传及其铭军将士2000人。第二天早上,鲍超又派人将从捻军手中夺回的铭军丢弃的400杆洋枪、数千件号衣、一切辎重军械以及刘铭传本人的红顶花翎,送还铭军军营。刘铭传见此,羞愧和愤怒一起涌上来,犹如万箭钻心。为挽回这次惨败的面子,刘铭传采取了两个办法:

一是上疏参劾了自己的老师兼堂侄刘盛藻"浪战轻敌"。结果,刘盛藻奉旨拔去花翎,撤销了在公元1863年因攻克无锡而被赐予的"恒勇巴图鲁"名号,仍责令他革职留用,以观后效。二是向李鸿章上报:鲍超的霆军既约黎明击捻,却不能如约应时会军。刘铭传孤进被围,招致失败。但由于铭军奋力相持,后会合姗姗来迟的霆军夹击捻军,遂反败为胜。李鸿章有心偏袒部下,就根据刘铭传的报告内容向清廷上了一道奏折。

军机大臣左都御史叫汪元方,字啸庵。他接到李鸿章报告后,当即决定要以失机和掩饰之罪,斩鲍超的头。经同僚们再三劝说,改为严旨谴责。而鲍超"自思破强捻",又救出刘铭传,美滋滋地等待朝廷的重奖。忽闻严旨谴责,他犹如从云端里跌落到地上,方知刘铭传和李鸿章从中做了手脚,也隐隐懊悔大张旗鼓送回刘铭传丢弃的红顶花翎的孟浪。这边圣旨刚宣读完,他就气昏了过去,不久愤郁成疾,引发旧伤,咯血不止,就上折请求归乡治病。他所统率的"霆军"也被解散,留下的部队改为"霆竣军",随淮军作战。曾国藩愤怒异常,这时他正在两江总督任上。在写信安慰鲍超、派人送上辽东人参问候的同时,曾国藩责问李鸿章,何以功罪不分、黑白颠倒!湘淮两系的矛盾从此尖锐突出。李鸿章见曾帅问罪,怕事情闹大,也立即上折奏请鲍超功高,请加以奖励保护。清廷这才下旨慰勉鲍超,要他在家好好养病。不久,汪元方去世,曾国藩还对幕僚忿忿不平地说,啸庵在枢府,未闻有鸑然当官之声,独于鲍春霆(鲍超字春霆)事断断露锋颖,彼于将之贤否?事之曲直,不能体察,以至颠倒黑白，得非将死而耄及之與？与曾国藩、李鸿章和刘铭传关系都不错的改良主义思想家薛福成对此曾有评说："随后，刘公（指刘铭传）之僚友，皆云尹隆河之战一败涂地，总统营官与幕僚俱脱冠服坐地待死，霆军拯救之功，实不可忘。议者于是叹刘公始终不肯让人，其盛气不挠固不可及，而以怨报德为已甚也。"应该说，薛论是持平之论。

在公元1863年12月底攻打常州城时，刘铭传还差点一命呜呼。这年12月25日，他率军攻打江苏常州小北门口大石营。守卫常州的太平军被李鸿章和刘铭传认为"是一支最能拼死作战的队伍"。它的首领陈坤书，诨号"陈斜眼"，广西桂平人，公元1862年1月被晋升为"殿前礼部副春僚御林兵马提征顶天扶朝纲护王悦千岁"，简称"护王"。攻击前夕，刘铭传"用千里镜测望炮路"，并以他特有的粗壮喉咙向手下发号施令，事被护王陈坤书得知，当即命令几个狙击手对准这个指挥射击。随着"砰砰砰"几声枪响，刘铭传倒了下去，不一会，挣扎着坐了起来，但头部和脸部已满是血迹。左右亲兵背起他就跑。经医生检查，刘铭传"顶额中枪子"，伤口有一两寸，入骨不浅，经多方抢救，活下命来，但却留下了深深的疤痕，同时脑袋一到阴雨天就疼痛，两眼也不时昏花。淮军中的同班辈的人便私下里将他的绰号"六麻子"升了一格，戏呼为"老麻子"。养伤期间，刘盛藻等人来看他，刘铭传对堂侄兼老师诉说："我年纪不大，才二十七八，却已两眼昏花了。"刘盛藻开了一句玩笑："昏花的眼睛常能发现宝物。"未料到一句玩笑话竟真的成了现实。眼睛昏花的刘铭传在常州城竟发现了中国的一个天大的宝物。这个宝物叫什么名字，刘铭传又是怎样发现的？欲知后事如何，请看下集：《常州获宝》。

三 常州获宝

　　上集我们说到刘铭传的堂侄兼老师刘盛藻在族叔养伤时曾说过:"昏花的眼睛常能发现宝物。"刘铭传和刘盛藻相视之后,一笑了之,叔侄二人都把这句话看作是玩笑话。

　　未料到玩笑话并非玩笑。公元 1864 年 5 月 11 日,刘铭传率部占领常州后,因枪伤未痊愈,就住在原太平军护王陈坤书府内养伤。由于护王手下的将士仍不屈服,他们经常化装,利用夜晚伏在小街僻巷偷袭,所以淮军不得不在夜间加强城防和宅院的巡视。一天晚上,有卫兵向总兵刘铭传汇报,大院内时有金属撞击声,怀疑有刺客潜入,请刘总兵下令搜索。刘铭传不敢大意,当即传呼众多亲兵举着火把,打着灯笼赶到院中搜索。里里外外搜遍,未见任何可疑迹象。突然,刘铭传喝令大家不要说话。众人刹那间鸦雀无声,只听见一阵阵"叮当"、"叮当"的金属撞击声从马厩里传出,在万籁俱寂的夜空中,这声音显得那么清脆,那么刺耳,那么令人恐怖。

　　刘铭传率兵闯进马厩。马厩里空无一人,仔细观察静听后,才知声音是由刘总兵的坐骑上的铁环撞击马槽发出的。马槽一向为木料制成,间或有用石料做成,为何有此金属撞击的清脆声?心存疑问的刘铭传当即命令亲兵用灯笼照看马槽,在微弱的灯光下,眼神有些昏花的刘铭传看不清楚,于是伸手去摸,只觉得浸凉冰手。他又用剑鞘敲了一敲,"当当当",清脆悦耳,犹如鸣玉扣钟,心想此物必是一个金属物体。第二天一早,他又好奇地走进马厩,叫士兵们把马槽洗刷干净,这才看清楚它是一个青铜器。

这件青铜器高1尺2寸,长3尺9寸,宽2尺4寸,围12尺,中空,腹深1尺1寸,重约470余斤。外观也很别致,有曲尺形脚4只,外面四侧共有饕餮衔环8只,并布满云状花纹,斑斓美观,精美绝伦。再仔细观察,青铜器底部有8行蝌蚪形的文字,读过好几年古书并自学不断、对历史颇为喜爱的刘铭传知道,这种蝌蚪形文字叫籀文,又称大篆,是周宣王时太史籀所创的文字,算年代已有两千多年历史。刘铭传心中暗想,此物年代久远,必是国宝,真应了堂侄兼老师刘盛藻的那句"昏花的眼睛常能发现宝物"的玩笑话了。他忙叫人"三熏三沐",洗涤干净,并在自己奉命攻打浙江湖州和安徽广德期间,下令亲兵运回自己的老家——肥西县刘老圩。

不久,已担任直隶提督的刘铭传回了一趟家乡。这时,他的职位相当于北京军区司令员,手下人都称呼他"刘帅"。他名义上是回家休假,实际上是专门请了当时安徽霍山县一位名叫黄从默的老先生考证青铜器的来历。黄从默老先生搞了一个多礼拜,查阅了大量资料后才向刘铭传禀报:"恭喜刘帅,你获得了一个天大的宝贝。"它到底是什么宝贝呢?

黄从默老先生接着说道:这件青铜器是一个铜盘,叫"虢季子白盘"。古代的盘是作盥洗器的,以后有人把它当作纪念器物。它是宣王十二年也就是公元前816年,西虢国诸侯小儿子名叫姬白的人制作的铜盘,距今已有2680余年的历史。

刘铭传忙问:"黄老先生,我看过这铜盘上有籀文111字,有些字我认得,有些字我还拿捏不准,请您赐教。"黄从默老先生学问果然精深,还未等刘铭传的话落音,就将早已写好的释文呈递上去。刘铭传接过来一看,只见释文写道:

"维十有二年,正月初吉,丁亥,虢季子白作宝盘。不显子白:庸武于戎工,经纬四方;薄伐猃狁,于洛之阳;折首五百,执讯五十,是以先行。桓恒子白,献戎于王。王孔嘉子白义:王格周庙,宣榭受卿;王曰伯父,孔显又光;王赐乘马,是用佐王;赐用弓,彤矢其央;赐用钺,用政蛮方,子子孙孙,万年无疆!"

释文大意是:周宣王十二年(公元前816年)正月初一,西虢国诸侯小儿子姬白作此铜盘。不久前匈奴的先祖猃狁(xiǎn yǔn)兴兵造反,周宣王命令西虢国诸侯小儿子姬白带兵讨伐,在洛河之北

刘铭传收藏的国宝——西周青铜器虢季子白盘,建国后,
他的后代献给国家,现藏中国历史博物馆

打了胜仗,歼灭了 500 人,俘获了 50 人,受到了宣王的表彰和赏赐,特制作此铜盘以纪念,敬祝子子孙孙,万寿无疆。

不久,刘铭传还从其他金石学家口中获知,此铜盘与散氏盘、毛公鼎并称为西周三大青铜器,而且位居首位,是价值连城的国宝。当今在市场上的古代青铜器,以有铭文的最值钱。不说青铜器实物了,光铭文,就有一个字开价一万元的说法。虢季子白盘铭文共 111字,由此可知,光铭文就值 111 万元。当然它是有价无市的,不能买卖。不过从白盘展览时的保险价值,我们也可以看到它的珍贵。因为它的保险价值是 24 亿元。闲话少说,再说白盘。

黄从默等人还告诉刘铭传,白盘是当地人在清道光年间(公元1821—1850 年)在古代西虢国所在地陕西宝鸡县的虢川司挖出来的。获宝者是一个农民。他不知是宝,就用铜盘盛水,后来又把它作为喂马的槽具。时任陕西眉县县令的徐燮钧是个"古董迷",听到此事后,就特地赶到宝鸡虢川司找到这个农民,连哄带蒙地花几个小钱买了下来,卸任时带回家乡常州。太平军占领常州后,徐家作为士绅被扫地出门,徐府也就成为护王陈坤书的王府,铜盘落入护王陈坤书手中。陈坤书和马弁没有什么文化,不知铜盘是宝,见其腹空,就把它作为马槽盛放草料喂马。刘铭传获此国宝,欣喜若狂,特地在刘老圩自家月牙塘上建了一座"盘亭",亲自在盘亭的两边撰写了一副对联。上联是:盘为国宝;下联是:亭护家珍。他还编撰了一本《盘亭小录》,收录了一些金石学家考证文字和他本人所写的发现经过的资料,留存于世,为后人了解和研究铜盘备下一份珍贵的文献。他还对家人郑重叮咛:盘为国宝,亭护家珍;人在盘在,秘不示人。平时,白盘总是用红绸缎包裹着,放在亭内,轻易不示人。

但福兮祸所伏。围绕着国宝虢季子白盘,从刘铭传在世时到去世后,风波迭起。有一种说法,还在刘铭传公元1872至1884年归乡赋闲时,大江南北文人名士闻讯前来观赏铜盘,人人叹羡不已。消息很快传到京师,惊动了翁同龢,翁氏是状元出身,光绪皇帝的师傅,先后担任过刑部尚书和户部尚书。他不仅诗文自成一家,而且对古文物酷爱如命。听说刘铭传获虢季子白盘这件国宝,他就托人前来刘老圩说项,愿意出钱购买,刘铭传以生硬的态度予以回绝。翁氏仍不甘心,又叫人前来说亲,愿意将女儿下嫁刘家,给刘铭传大儿子刘盛芬做媳妇,以通秦晋之好。刘铭传左思右虑,认为根子还是在铜盘上,就以不敢高攀之语,谢绝了这门亲事。翁氏大为扫兴,从此和刘铭传交恶。此说在刘铭传去世不久就有人著文提及,以后辗转相传,似成定论,它正确吗?

此说看来不正确。翁同龢虽贵为光绪皇帝师傅,但经济上却十分拮据。由于父母去世,长兄远戍,用费很多,加上出入应酬,车马夫役,开销很大,经常是入不敷出。他所住的京师头条胡同房屋是其父翁心存租借广东举人龙兰簃的。翁心存去世后,翁同龢为了偿还所欠十多年的房租,于公元1881年向毓庆宫书房谱达广寿借银3000两。他连房租都付不起,何来巨金购买国宝虢季子白盘?!至于将女儿下嫁刘铭传大儿子刘盛芬,以智取白盘,更是无稽之谈。因为翁同龢一生中曾娶了两个女人为妻。先娶萧山汤金钊孙女汤松为妻,结婚10年,未育子女。汤氏去世后,翁同龢续娶陆氏,也从未生育。翁同龢40岁时,由母亲许氏出面主持,将他的哥哥翁同爵的儿子翁曾翰立为嗣子。公元1864年刘铭传获虢季子白盘时,翁曾翰28岁,早已娶工部尚书张祥河之女为妻,公元1878年因患伤寒不幸早逝,所遗两子德孙、安孙也因"咯血症"相继夭折。翁同龢除有此养子外,未生育过女儿,故不存在将女儿下嫁刘盛芬的事情。如今翁同龢的日记已经问世。在光绪六年(公元1880年)十一月的日记中，我们可以看到翁对刘铭传的评价不错。刘铭传在这年十一月初二即 12 月 3 日拜访过翁同龢，向他说到"奏言开铁路事"；第二天也就是公元 1880 年 12 月 4 日，刘铭传又到翁同龢处，赠送虢季子白盘拓本和《大潜山房诗钞》一册。翁同龢在日记中认为刘铭传的诗是"字挟风霜"，很有水平，咏物怀人之句，颇带情感，称赞他是"武臣中之名士也"。日记中并无关于对刘铭传持有国宝白盘的非议。以后翁刘交恶，恐怕不是为了一白盘而互嫌，应该是翁同龢和李鸿章因政见不同而长期不睦的结果。因为刘铭传毕竟是李氏的铁杆老部下。倒是传说中的差点娶了翁大学士女儿的刘盛芬和他弟弟刘盛芸的一次不小心，几乎使虢季子白盘毁于一旦。

有必要简单介绍一下刘盛芬和刘盛芸。刘铭传有四子四女。他的大老婆程氏为他生了二子二女。长女和次女分别嫁给两淮盐使程志怀和浙江即补道员张云逵。而盛芬和盛芸分别为刘铭传的长子和次子。刘盛芬生于公元 1858 年 10 月 3 日（清咸丰八年八月二十七日），公元 1884 年即他 26 岁时，刘铭传将他和盛芸一起补了合肥县学生员。他为人忠厚老实，不善言词，人称"老实头子"，而且有点迂，不惹父亲喜爱。他的妻子是都司卫霞烈的女儿卫氏。夫妇俩没有生育子女，抱了弟弟家的一个儿子刘朝卿作为嗣子。刘铭传从台湾归来后，搬到今安徽金寨县麻埠附近原九公山的刘新圩内居住，就把刘老圩的家事交给刘盛芬主持，并叮嘱他照管好虢季子白盘。与刘盛芬住在一个圩子内的刘盛芸是他的弟弟。刘盛芸，字翰香，生于公元 1865 年 4 月 7 日（清同治四年三月十二日）。他自小就很聪明，也肯学习，起初攻八股制举文兼书法，后来务求博览，"尤殚精于史鉴舆地及经世之学"，所以很得刘铭传的喜爱。刘铭传是个整天不大开笑脸的人，人称他"刚毅威重"，但每当披览刘盛芸的诗文时，他就喜形于色。公元 1884 年，刘铭传将他补了合肥县学生员，第二年即公元 1885 年，刘铭传在台湾时，就获得二儿子盛芸因成绩优秀，被选拔为贡生的消息。这时，他仅为 20 岁，一时"声名籍甚"。刘盛芸的妻子杨氏，是刘铭传的养女。她的父亲叫杨鼎勋，是淮军将领中唯一的四川人。淮军中的合肥人是看他不起的，唯独刘铭传与他交情笃厚。公元 1868 年（清同治七年），杨鼎勋病死，遗下孤女杨氏一人。刘铭传收养了她，并在她 15 岁、次子盛芸 17 岁时，

给他们办了婚事。刘盛芸虽少年得志，但很长时间没有长进，不得已，只好纳赀为内阁中书，在京师度过3年。公元1893年（清光绪十九年），他经过精心准备，赴金陵参加乡试，一举中江南副榜贡生，以后多次赴礼部试，都不中，由此观之，他在科举上是不得意的。刘铭传搬到刘新圩后，要他一家住刘老圩，协助哥哥刘盛芬照管好虢季子白盘。这时，一场灾难向他们兄弟俩逼近了。

清光绪二十年正月即公元1894年2月，这一年是马年，也是刘盛芬的本命年。春节到了，家人告诉主事的刘盛芬，本命年该好好庆贺庆贺，盛芬答应了。于是，几百盏灯笼悬挂，把刘老圩装点得火树银花，金碧辉煌。刘家还买了数千枚大小不一的鞭炮，在春节期间燃放，烘托出节日的喜庆和欢悦。谁知，就在兄弟俩沉浸在春节喜悦之中时，一场大火烧了起来。这场大火烧掉了刘老圩的大半房屋，烧掉了家中细软，烧掉了盘亭。刘盛芬和刘盛芸好歹记住父亲的嘱咐，拼死从大火中将虢季子白盘抢救了出来，但刘老圩几乎成为废墟。消息传到刘新圩内的刘铭传耳中，他怒火中烧，将刘盛芬批评得相当厉害，"老实头子"刘盛芬吓呆了，气病了。他未想到乐极生悲，在本命年内，竟有这样一场灾难降临到他们头上。他连吓带气，又急又羞，在公元1894年4月6日（清光绪二十年三月初一），即火灾发生2个月后告别了人世，只活了36岁，死在他父亲之前。听到这个凶耗，刘铭传惊呆了，不禁老泪横流。他哽咽着说："盛芬啊，盛芬，你为何做出如此傻事啊？盛芬啊，盛芬，你内疚于家中细软烧得一干二净，须知你和盛芸把白盘抢救出来，就是功高无比啊！盛芬啊，盛芬，你为白盘放弃了家中的财产，你是为白盘而死的呀！你要知道，清平世道，宝盘终究要归诸天下啊！"欲知后事如何？请看下集：《宝归天下》。

四 宝归天下

　　上集我们说到刘盛芬受到父亲责怪而辞别人世,刘铭传悲痛地说盛芬是为白盘而死,并认为清平世道,宝物终究是要归诸天下的。刘铭传去世以后,茫茫中国,乱离多阻。其后人遵照他的遗嘱,小心保护这件国宝。在北洋军阀统治时期,每当政局不稳之际,他们就将它埋入地下。

　　公元1933年后,刘镇华到安徽来担任省主席。刘镇华字雪亚,河南巩县人,毕业于保定府法政专门学堂,后任河南省法政专门学堂的庶务长,参加反清活动。辛亥革命时,他参加陕西张钫的秦陇复汉军,民国成立后投靠袁世凯,任豫西观察使,后改为道尹,并兼任镇嵩军的统领。袁世凯死后,刘镇华投入皖系,于公元1918年担任陕西省省长。后改投直系,在公元1922年4月第一次直奉战争爆发时,以督军兼省长双重身份驻扎陕西西安。1925年4月,他与憨玉琨一起同胡景翼部激战,兵败逃往山西,投靠阎锡山。1925年秋,吴佩孚任命他为讨贼联军陕甘总司令,攻击国民军,围攻西安达8个月之久。1927年夏,他见北洋系大势已去,就投靠冯玉祥,被任命为第十一路军总指挥,参与1930年蒋冯阎大战。大战之中,投靠蒋介石,任豫陕晋边区绥靖督办。后来,蒋介石又任命他为豫、鄂、皖边区剿匪司令。

　　来到安徽不久,刘镇华听说刘家有此国宝,就特地来到刘老圩,先是好言相哄,说一笔写不成两个刘字,接着露出庐山真面目,要刘家把白盘给他。遭到拒绝后,他竟恼羞成怒,用马鞭子殴打刘氏后人。刘家不堪其扰,就避走上海。刘镇华竟派人追到上海,四处密访刘氏后人刘肃曾。1936年10月,刘镇华做省主席刚满一年,突然在省政府内精神失常,只好脱离政界。刘肃曾这才如释重负,回到了刘老圩。这时有一个美国人托人找到刘肃曾。来人说这个美国人愿出一笔可观的价格收购白盘,并答应成交后,可以将其全家迁居美国。接着法国人、日本人都相继找到刘肃曾,愿出重金收买。刘家人一概予以拒绝。

1937年"七七事变"后,合肥旋告沦陷。日伪侵略军进犯肥西县西分路口,派出一支部队窜到刘老圩搜索。此时,刘肃曾全家出走。日伪军派出间谍蹲守在刘老圩附近,向刘家的长工、佃农四处打听白盘的下落。

白盘此时被埋在宅外的一个坑里。当时,刘肃曾与长工们共挖了三个坑,将白盘埋在一个坑内。上面种了花草和树,不是知情人难以发现。看来,刘肃曾平时宅心仁厚,和家中的长工和佃农关系搞得不错。这些佃农和长工没有一个吐露口风,表现出应有的民族气节,使埋在圩内的白盘得以安全保存,也使日伪军的企图难以得逞。

抗战时期,桂系的李品仙担任安徽省省长。他也是一个"古董迷",曾利用职权,在皖省挖掘楚墓,搜索掠夺了不少古文物,搅得民声沸腾。对虢季子白盘,李品仙久闻其名,当然是垂涎三尺。为此,他先甩出一根"软索":一天,他轻车简从,来到刘老圩,说是来看望皖省大族后裔,说了不少勉励激劝的话,听说刘家在续修《刘氏宗谱》,当即答应为宗谱题词:"江淮望族"。刘家人为此很感动。不久,他又甩出一根带钩的"软索":托亲信到刘老圩来劝说交出白盘;作为交换条件,李品仙愿意让出皖省两个县县长的职位,任刘家人任意挑选。刘肃曾这才看出李品仙的庐山真面目,就以虢季子白盘不在刘老圩而在上海为借口,婉言谢绝。因为此时上海为敌占区,日伪军驻扎在那里,李品仙纵使有天大的本事,也难以到上海取盘。李品仙不高兴了,说刘肃曾看似老实,实际上滑头,就率一干人马开到刘老圩追问白盘的下落。在被婉言谢绝后,他竟将刘家大厅中所挂古字画囊括一空,以泄其忿。不久,他又派一营部队进驻到刘老圩,天天逼迫刘肃曾交出白盘。没有办法,刘肃曾只好"三十六计,走为上计"，离开家乡，远走高飞。

听到刘肃曾逃走的消息，李品仙愤怒了。他在一个专门会议上嚷道：虢季子白盘一定在刘老圩的某个地方埋藏着，你们合肥县县政府明天就迁到刘老圩内办公。天长日久，定会寻找出蛛丝马迹。县长隆武功当即率领一班吏役开到刘老圩，驻扎下来。他们天天与刘家人及其长工纠缠，也曾盘问过刘肃曾的夫人李象琇，均被他们以"刘大少爷的事我们哪里敢问"和"妇道人家不知男人们事情"的话语搪塞过去。李品仙恼羞成怒，下令合肥县政府派人到刘家各个房间仔细搜觅，撬开了所有房间的地板，掘土3尺，结果仍是大失所望。

1949年12月底，皖北行署收到中华人民共和国政务院拍来的一封加急电报。电报是周恩来总理亲自下令以政务院名义拍发的。之所以加急，是因为国民党蒋介石政府在退守台湾时，将传世的西周三大著名青铜器的另外两件从北平故宫博物院内运送到海峡对岸。它们一是毛公鼎，一是散氏盘。居于西周著名三大青铜器之首的虢季子白盘一定要查明下落，不能让它飘落海峡对岸，更不能让它流失海外。皖北行署当即派人专程到刘老圩找到刘肃曾，向他及其家人传达了人民政府保护文物的政策。他们原以为刘肃曾会百般推脱，或旧戏重演，或漫天要价。谁知，刘肃曾说出的一番话，令他们震撼不已。

刘肃曾说："保护国宝，责任非轻，个人力薄，盘之安全可虑；现人民政府如此重视，亟愿献出，从此国宝可以归国，获卸仔肩，亦为幸事乐事。"他的这一义举是有深刻的历史原因和思想基础的。早在内战时期，皖西北道委书记和红二十八军政委高敬亭就与刘肃曾建立了私人友谊。在国民党军队"围剿"鄂豫皖根据地时，高敬亭曾在刘老圩内居住，并把800支枪埋在刘老圩的一个隐蔽处。新四军成立后，高敬亭担任第四支队司令员。在一个漆黑的夜晚，埋藏多年的800余支枪被起出。临行前，刘肃曾送给高敬亭一匹剽悍的枣红马，作为他的坐骑。高敬亭曾说："刘大少爷虽出身豪门，但他的心是和我们相贴近的。"1939年，高敬亭在安徽合肥青龙厂被错杀，刘肃曾暗地落泪，为之痛惜不已。生前，他偷偷地和夫人李象琇说过对此事的不理解，但由于不谙党内斗争情况，因此公开场合下从来不对人说他与高敬亭的友谊。在他的眼中,共产党的干部都是些为国为民的好人,虽然有些人文化程度低些,说话直接些,但很少有人谋私利。因此,他相信共产党,相信由这个党建立起的新中国。

1950 年 1 月 19 日是个值得纪念的日子。这一天,虢季子白盘被起出。它被刘肃曾藏在刘家一间人迹罕至而又破陋不堪的屋子底下。这可以说是刘肃曾几易白盘的藏地了。白盘被人从 1 丈多深的坑里掘出时,鞭炮声和鼓掌声同时响起,久久地在刘老圩上空飘荡。就在铜盘掘出、拟送北京时,一件破坏国宝的事件突然发生。

1 月 21 日夜间,一个坏分子溜进刘家,手持钢锯准备锯下八只饕餮衔环,声音惊动了守护在附近的人民解放军战士,当即将他捕捉,使国宝免遭破坏。事件也惊动了北京政务院。政务院指示迅速将虢季子白盘安全运送到京并请刘肃曾同行。

这时,皖北区党委的书记是当年新四军七师政委曾希圣。在他的请求下,虢季子白盘被批准在合肥市教弩台内展览了 3 天之后,被护送到京。

1950 年 2 月 28 日,由沈雁冰亲自签署了中华人民共和国文化部特颁《褒奖状》。《褒奖状》写道:

"安徽合肥县刘肃曾先生,于中华人民共和国成立后将其家藏历史名物周代铜器虢季子白盘一件、铜鼓一件,献交人民政府,使学术界研究及广大人民观览,化私为公,殊堪嘉尚,特此褒扬。此状。"

1950 年 3 月 3 日,文化部文物局局长郑振铎指示在京城团城承光殿内举行特展。各界数千人前来参观,一睹白盘的风采。《人民日报》以醒目的标题报道了这则消息。国家领导人和文化部领导人董必武、郭沫若、沈雁冰、周扬、郑振铎等出席了参观仪式,并在接见后同刘肃曾在承光殿前合影留念。当晚,文化部由部长沈雁冰主持在北京饭店宴请了刘肃曾。宴会上,喝了几杯酒后的郭沫若神情激奋起来,他叫人拿来一张四尺整宣纸,亲手裁为三开,铺上一张。

有人问:郭老,你要干什么?郭沫若说,我诗兴来了,要作诗一首赠给捐宝人刘肃曾。诗文不一会就写好了。郭沫若朗声读道:

虢季献公家,归诸天下有。

独乐易众乐,宝传永不朽。

省却常操心,为之几折首。

卓卓刘君名，传诵妇孺口。

可贺孰逾此，寿君一杯酒。

郭沫若

读到这儿，郭沫若又端起身边的一杯酒向刘肃曾先生示意后，一口喝光，然后开始朗读诗后的文字：

皖北肃曾刘君以家传虢季子白盘奉献公家，草此以赠之

一九五〇年三月　郭沫若

从此，西周著名三大青铜器之首的虢季子白盘，在刘家珍藏整整86年、历经4代人之后，被国家珍藏保护起来，现存北京中国历史博物馆，真应了刘铭传当年那句话："清平世道，宝盘终归要归诸天下。"

而其他两件青铜器现在祖国的宝岛台湾，藏存在台北故宫博物院。其中毛公鼎，清道光末年（公元1849年）出土于陕西岐山，有铭文497字，记述周宣王诰诫和褒赏他的臣下毛公一事，内容反映了西周统治的不稳，为现存铭文最长的青铜器；而散氏盘，又叫"矢人盘"，有铭文350字，记述矢人将大片田地移付于散氏时所订的契约，详载核定土地经界和双方的盟誓，清康熙年间（公元1662—1721年）出土于陕西凤翔县。

北京的虢季子白盘和台北的毛公鼎、散氏盘已分离了整整58

年了,它们都亟盼聚而合之,实现珠联璧合,实现人世间的大团圆。西周三大著名青铜器的大团圆之日,就是祖国统一之时。如果刘铭传在天有灵,一定会乐观其成的。因为刘铭传绝没有想到在获宝20余年后的公元 1884 年,他会被清廷派到台湾去,而且一干就是 8 年,与台湾结下了深厚的情结;更因为刘铭传是一个生在大陆、心系台湾,身在台湾、胸怀全国的人。刘铭传为何被派到台湾? 在法国军舰重重封锁下,他又是怎样到达台湾的? 欲知后事如何,请看下集:《奉诏赴台》。

五 奉诏赴台

上集我们说到刘铭传绝没有想到清廷在公元 1884 年把他派到台湾。这其中主要的原因就是自 1871 年以后，刘铭传曾被革职查办，以后虽恢复职务待遇，却赋闲在家，好像现在享受正部级待遇，在家闲着的巡视员、调研员或退休干部一样，而且一赋闲就是 13 年。因此，他对重新出山已不抱什么希望。

刘铭传是在公元 1871 年底平定捻军起义后回乡休假的。休假的原因是他"脑痛欲裂，坐卧难安"，"两足肿痛，举步维艰，卧榻兼旬，青肿愈甚"。清廷见他连打三次报告，就批准他回籍调理，时间是 3 个月。

此次归来，虽有疾病缠身，但顶着一等男爵头衔，刘铭传也着实春风得意，沉浸在衣锦还乡、光宗耀祖的喜悦之中。不料，仿佛晴天霹雳一声，一道圣旨传来，着刘铭传交部议处，予以革职，一下子把他震昏了。这到底是怎么回事呢？

原来革职的原因是铭军在陕西"哗变"，几天内溃散逃奔殆尽。这次哗变可以说是当时铭军内部矛盾发展的结果。铭军驻扎陕西乾州一带时虽已发展到 2 万人，但很多下级军官和士兵是过去的太平军和捻军战士。他们虽然跟着当时的首领投降了刘铭传，但内心毕竟不服，于是，他们在军队内部组织秘密的会党，互相联络，待机而动。刘铭传平时只注意抓军事工作和扩充发展事业，对军队下层的思想政治工作很少过问，因此留下了致命的"隐患"。这是原因之一。原因之二是刘氏家族人对刘铭传在推荐继任统领问题上有不满情绪。公元1871年底，刘铭传离营归乡看病，清廷要他推荐一个继任统领。依刘盛藻之见，此统领当推刘氏家族内的人担任为宜，并荐举了刘盛休。刘铭传这一回没有听他的堂侄兼老师的话。他对刘盛藻说："子务师台大人，如果你不是同我一起归乡养病，这个继任统领非你莫属。至于刘盛休这个侄子，打仗倒可以，但管理统领能力不行，更何况推荐刘姓人，让朝廷和外人认为我刘铭传私心太重。"于是，他向朝廷密荐了一个天津籍的外姓人曹克忠继任统领，并要另一个外姓人王家璧予以佐助。这曹克忠原是满族将军多隆阿的部下，后归属于湘军系统，时任甘肃提督，算一个省军区的司令员，但在平定捻军起义期间归了刘铭传管辖。铭军上下的人见两个外姓人担任统领和副统领，与他们职位不分上下的刘盛休等铭军将领被边缘化，处于扛小旗的地位，立刻群情汹汹，不服管辖。

曹克忠武人出身，高调处世，没有自知之明。他见铭军将官不太听话，为立威就常常严惩触犯他军颜的部下，三天两头就见到有人被打得血肉横飞或被推出斩首示众，这更激起了铭军将士的反抗。在甘肃军队马世俊骑兵哗变时，铭军内原先的"降捻多叛应"。尤其是铭字武毅右营，士兵举行了大规模的暴动，把营官几乎杀尽，然后逃之夭夭，不见踪影。清廷闻讯，震怒不已，除将曹克忠、王家璧革职外，还下旨将在家休养的刘铭传交部议处，予以革职。刘铭传听到这个消息后，不禁在家跺脚恨声："用人不当，事情砸蛋。我的过错！我的过错！武夫曹克忠太浅陋，他怎么知道山海的高深呀?!"

清廷下旨要李鸿章密荐大员接统铭军，收拾军心。李鸿章荐了刘盛藻。公元1873年（清同治十二年），刘盛藻从家乡急匆匆赶去，经多方经营，才使军心稳定。公元1874年，刘盛藻老父刘大全病死，他要求回家守孝。清廷认为刘盛藻"督率铭军深资得力，仍赖照常办理防务"。为慰留他，清廷破格恩赏他的父亲享受一品封典。不久，陕甘一带回民起义军已被平定下去，而中国沿海地区接连出现外国列强入侵事件。清廷下诏铭军从陕西开入山东济宁驻防，仍叫刘盛藻统率，只字不提刘铭传。

刘铭传在家坐了3年冷板凳，内心如油煎火烧，不得已，一改昔日孤傲气盛的常态，分别给李鸿章和内阁学士、刑部侍郎袁保恒及陕西巡抚邵汧生写信,请他们"设法开复"他的官职。他还写信给刘盛藻和刘盛休,请他们设法斡旋。刘盛藻和刘盛休大约此时心中怨气已消,转而为刘铭传的复职四处奔赴,的确卖力。他们"以壮肃(刘铭传谥号——引者注)在陕获咎,必须在陕开复"为理由,发动铭军各营将官及陕西省官绅联名打报告给巡抚邵汧生,经邵签名转报清廷,吁请开复刘铭传官职。朝中的李鸿章是刘的老上级,袁保恒与刘铭传是世交,他们都"为之斡旋",终于在公元 1874 年 6 月获清廷"特旨,已革提督刘铭传著赏还原官"。虽然恢复了官职,刘铭传却长时期不受清廷启用,两个月的假期变为 13 年的赋闲,即从一个 35 岁的青年变成一个 48 岁的中年壮汉。这 13 年他是如何度过的?他的思想发生了什么变化?

事实证明这十几年赋闲生涯,刘铭传并非白白度过,相反倒是他一生中最佳积累时期。这期间,他干了三件大事。

一是阅读了大量的西方书籍和报刊。国内维新派思想家的著作,他也认真拜读。因此,虽是足不出户,刘铭传也能知天下大事。19 世纪 70 年代,在平定太平军和捻军起义后,清王朝奏起了所谓"同治中兴、河清海晏"的乐曲,全然不知世界资本主义开始了夺取殖民地的大高潮,分割世界领土的斗争达到极其尖锐的程度。在这个大高潮中,中国及其周边邻国是外国侵略者角逐的主要目标。中国的属国琉球群岛首先被日本占领。接着,日美两国勾结,于公元 1874 年(清同治十三年)派兵 3000 人侵入祖国宝岛台湾。公元 1876 年(清光绪二年),日本又强迫朝鲜订立不平等的《江华条约》,与俄国一起,觊觎着中国的东北地区。公元 1871 年(清同治十年),沙俄出兵占据中国新疆伊犁 9 城,引起中俄关系紧张。公元 1875 年(清光绪元年)英国人由缅甸北上侵入中国云南边境,演成了"马嘉理事件",并在第二年强迫中国与其签订了不平等的《中英烟台条约》,取得深入中国内地甘肃、青海、四川、西藏考察、游历的权益,并让刘铭传经常居住的芜湖变成了安徽的第一个通商口岸。显然,中国的东南、东北、西南、西北各个边疆地区都发生了程度不同的危机,到处都敲响了告急的警钟。但一班权臣和文士却沉浸在"中兴"的假象中,他们"咏太平、迷歌舞、竞党争、诟西法",不虑国计,不思抵抗,不图改革,对此,刘铭传不禁心情郁闷。史载,每逢与朋友聚会、酒酣耳热之际，刘铭传就"太息敌国外患，辄孤啸不忍言"。他深感中国遇上了"数千年未有之强敌"，面临着"数千年未有之变局"，"敌国外患未有如此之多且强也"，"御侮"和"变革"应该成为中国"最急最需"的大事。

二是结交了一批文人名士。与他常交游的有吴挚甫、马其昶、陈宝琛、徐润、薛福成、盛宣怀等人。他们有的是海内文宗，有的是洋务里手，有的是维新人士，有的是少年新锐。对他们，刘铭传是礼贤下士，虚心学习，真情对待。有两个例子足以说明。有一个湖北童生叫石超的小青年，不满 18 岁，才华横溢。一次，刘铭传宴请海内文人名士，小石超来了，递上一张帖子，管家问他找谁，他说就找刘铭传。管家问你和爵帅是何种关系，小石超说你就报告我石某人以兄弟的名分面见刘铭传。管家摇了摇头，认为这个小青年太嚣张，但还是去报告了，因为刘铭传平时打招呼，对待任何文人名士不得无礼。果然，刘铭传说"请"。管家引来了石超，石超长揖一下就坐到上座上，满屋人十分惊诧。刘铭传是奇帅遇奇才，就笑着说：不知你学问如何，先出一对子让你对，听好，上联是："持三寸帖见一等男童生大胆称兄弟。"小石超不慌不忙，对出了下联："手八行书行万里路布衣长揖傲王侯。"刘铭传大喜，延为上客，以后颇为重用。另一个曾任上海轮船招商局的会办，也就是副局长的徐润。徐润字润立，号雨之，别号愚斋，广东香山（今中山）人。14 岁到上海英商宝顺洋行当学徒，后为副买办。公元 1868 年 30 岁时离开宝顺洋行，自开宝源祥茶栈，先后在浙江、江西、湖北、湖南等地增设茶号，生意做得很大。公元 1873 年被李鸿章委派为轮船招商局的会办。这期间，他与唐廷枢等人创办仁和水险公司、济和水火险公司，开创了中国人办保险事业的先例。公元 1877 年（清光绪三年）代表招商局购买美商旗昌洋行的一批轮船。不久，他被委任兼办开平矿务局会办。徐润的洋务能力很强，投资近代工矿交通企业可说是百投百中。但天有不测，人有失手。公元 1883 年，他在上海投资房地产时，一下子亏折了 80 万两白银，陷入债台高筑、穷困潦倒的地步。公元 1884 年 1 月 20 日，正是光绪八年腊月送灶日。焦头烂额的徐润在家听说刘铭传派来几个差官来见他。徐润问他们有什么事。差官们掏出行囊中一百个大元宝放到桌上，说："爵帅现在芜湖小留，吩咐小人们来见徐大人，送上一百只元宝。劝勿灰心，可认真做事，发达后再还爵帅。"徐润为此感慨万端。因为刘铭传毕竟只同他见过几面，交情不深，在他匮乏难堪之际，送来一百只元宝，犹如雪中送炭啊。他感激涕零、刻骨铭心，在自撰的《徐愚斋自叙年谱》中详细记载此事。由于这层关系，在日后刘铭传担任台湾巡抚时，函召他收拾基隆煤矿，他欣然奔赴。与这些名士文人交游，刘铭传的思想大为开阔，改革维新思想日益坚定。他对朝廷内的一批顽固派、清流派，也就是现在所说的教条派们十分鄙夷，称他们是"国家蠹虫"、"人世蟊贼"。在一次宴请诸名士的宴席上，喝得酒意微醺的刘铭传突然拍案而起，吐出他内心的真言："公等识之，中国不变西法，罢科举，火六部例案，速开西校，译西书，以厉人才，不出十年，事且不可为矣。"当时正是中兴乐曲高奏之际，许多人醉生梦死，听他这一番有关政治体制改革的高论，诸名士们除伸出舌头吃惊外，还为这个行伍出身的武人能有如此深邃和先进的思想而感到由衷的佩服。

三是一把火把长期保存的平定太平军和捻军时期的文件烧掉。独保留督办陕甘奏议四卷。这件事很有说头。这些文件记载了刘铭传从千总到提督到一等男爵帅的经历，是他可以炫耀的历史见证，为什么要烧掉？究其原因大约有四点：

第一，刘铭传生性倨傲，做事喜独当一面，不肯让人，即使对李鸿章也是如此，每"抗论大计，辄面赤眦裂"。晓得他脾气的李鸿章总是让他三分。虽然这些东西能显示出他在"平吴、平捻"中"勋冠当时"，但毕竟是在李鸿章担任主帅下取得的，故功劳"属在李公"，归于李鸿章。而且这些文牍书信的很多内容在官方文书中都可见到，"方略具存，无难求索"。因此他就不想也无必要保存它们了。

第二，烧掉以往兵戎时期的文牍书信，独保留了督办陕甘军务奏议4卷，是因为清朝体制，提督虽为"武职大员之冠，然受总督节制。除到任谢恩具折由总督代奏外，不准专折言事"。时为直隶提督、督办陕甘军务的刘铭传却受到殊荣，享受专折言事之权，标志着他是独当一面的大员。保留这期间的奏议不仅与他的脾性相合，而且也可作为一种殊荣传诸后世、炫耀他人。同时在陕甘期间，刘铭传被革职查办以至于长期赋闲，留下这些档案也可以让后人评说功过。

第三，赋闲期间正是他牢骚满腹之时，对"平吴、平捻"文件"一以火之"，也可以看作是他的这种不满情绪的宣泄。

第四，更为重要的是，刘铭传是个重建设、重开发、重改革的人。"平吴、平捻"，终究是打内战的历史，整天迷恋打内战的历史、炫耀夸饰打内战的功绩，对开发和改革没有多大好处，相反弊病甚大。他的想法就是朝野上下，"益静研中外得失之林"，"思耸国家于富强之列"。

由此可知，刘铭传是当时清廷在职和不在职官员中思想最先进的人之一。这也是他在赋闲期间思想积累和升华的见证。

就在刘铭传对重新出山已不抱什么希望之际，公元1884年4月21日，一道上谕从北京发出："前直隶提督刘铭传带兵有年，威望素著。前患目疾，谅已就痊。现值时事艰难，需材孔亟，著李鸿章传知该提督即行来京陛见，以责任使。"李鸿章不敢怠慢，派人火速"传知"到肥西刘老圩，见主人不在，又策马奔到杭州，将上谕交到正在这里会见好友的刘铭传手中。这时已是公元1884年5月下旬。刘铭传见朝廷催促甚急，就摒弃了原先终老于乡的想法，匆匆地踏上了北去的征程，因为他从近日报纸上得知，祖国东南边陲又燃起了烽火，作为一个中国将领，是到了驰骋沙场、报效国家的时候了。

原来这期间，中法两国正在进行紧张的外交交涉，随时有开战的可能。交涉的焦点是越南问题。早在第二次鸦片战争期间，法国就曾联合西班牙组织联军于公元1858年侵犯越南，迫使越南于公元1862年与法、西两国订立《西贡条约》。公元1867年，法国又进而吞并了越南南方下交趾地区的边和、嘉定、定祥、昭笃、河仙、永隆6省以及昆仑岛。公元1874年，法国又强迫越南签订《越法和平同盟条约》，即第二次《西贡条约》，将越南置于法国的保护下，并把势力推进到越南北方，从而为他们通过红河侵入中国云南地区开辟了道路。这一企图遭到当时扼守在滇越边境红河两岸的黑旗军的猛烈反击。黑旗军首领刘永福曾应越南政府约请，领军抗法，曾在河内城郊大败法军，斩杀其指挥官安邺，成为法军的眼中钉。公元1881年（清光绪七年），好战分子茹费理上台组成内阁，下令法军向越南红河下游地区进攻。清政府应越南政府请求，派兵进驻谅山、北宁。刘永福也应邀率3000余名黑旗军英勇反击,法军被迫退至河内,龟缩其中,不敢轻举妄动。

这期间,中法双方曾在上海进行交涉。李鸿章与法国驻清公使宝海曾有一个《拟议越南事宜三条》。但"李宝备忘录"墨迹未干,法国议会认为交涉失败,首先撕毁协议,并改组政府,叫嚷要与中国决战到底。在茹费理的指令下,公元1883年12月,法军大举进攻,清军一度节节败退。这时法军水师总兵福禄诺开出议和条件五点,声称如果清政府不答应这些条件,法国将派出海军中将孤拔和少将利士比组成的强大舰队,开进南中国海,攻占中国南部福州和台湾基隆两个海口,使"中国边疆必永无肃清之日"。这一叫嚣使清廷大为恐慌,急忙下诏催促刘铭传到京,正是要他统兵奔赴前线,以防法军的侵犯。

刘铭传于公元1884年6月到达天津,先拜会了直隶总督李鸿章。李鸿章设宴招待了他。席间,刘铭传见老上级眉头紧锁,忧心忡忡,唉声叹气。这是什么原因呢?

他就问自己的老上级:"荃公,有什么难以启齿的话尽管说。"李鸿章这才告诉他:此次朝廷将派他渡海赴台,台湾孤悬海外,兵单饷乏,防卫措施极差,此去搞得不好,你一世英名将毁于一旦,落个身败名裂的下场。同时,法国大批舰队已封锁了南中国海和台湾海峡,你能不能成功地渡台还是个问题。如果在渡台过程中,法舰击沉你的渡轮,那就是"出师未捷身先死,长使英雄泪满襟"了。刘铭传问道:"那依你之见,我应当怎么办?"李鸿章这才吐露出他的真实意思,向朝廷力辞渡台差事,他将奏请刘铭传留在天津"佐助"北洋军务。

满汉两种文字的
"福建台湾巡抚关防"

刘铭传听后"答谢之",拒绝了老上级的这番美意。他说:"家贫出孝子,国难思忠臣。铭传在赋闲时常叹息敌国外患纷至沓来,现在大难临头,我岂能躲避! 依我个人研究,法军并不可怕,铭传能够对付。我担心的倒是日本。因此这次即使孤身无助,我也要冒险渡台。至于如何顺利渡台,倒要好好研究研究。"

公元 1884 年 6 月 26 日,清王朝特诏"刘铭传著赏加巡抚衔督办台湾事务"。7 月 4 日,请训陛辞后,朝廷一班权臣和文士提出要为他送行。席上,一些酸腐的文人和平时刘氏看不惯的教条顽固派们说:听说爵帅能作诗,还出了一本《大潜山房诗钞》。今日为你送行,不能不作诗。说完不由分说拿来笔墨纸张,硬要刘铭传赋诗一首。在他们看来,武臣刘铭传岂能作出好诗,说不定《大潜山房诗钞》是他找人代笔的呢。就如同现在一些官员为附庸风雅,找人代笔写些文章、诗词和硕士、博士论文一样。他们的目的显然是想给刘铭传以难堪。谁知刘铭传思索了一会儿,提起笔来,一挥而就:

自幼从戎未习文,诸公何故命留题。
琼林宴会君先到,塞上风光我独知。
剪发结缰牵战马,拆衣抽线补征旗。
魏貅十万临城下,请问先生可有诗?

这首七律诗一赋完,刘铭传就丢下毛笔,掉头走人。想出刘氏洋相的人个个面红耳赤,瞠目结舌。

刘铭传于 7 月 6 日返回天津,8 日启用"巡抚衔督办台湾事务前直隶提督关防"木质大印。在天津,经与李鸿章协商,刘铭传从铭军记名提督刘盛休部队内急调陆操教习 100 人、炮队教习 30 人、水雷教习 4 人,共计 134 人随他同行。并令铭军旧将提督王贵扬等 10 余人携带毛瑟后膛枪 3000 杆,配齐子弹先渡海赴台。清政府也饬令南洋大臣曾国荃及上海道龚照瑗筹拨前门炮 10 尊、后门小炮 20 尊以及银款 40 万两作为刘氏赴台经费。闽浙总督何璟、福建巡抚张兆栋也遵旨拨银 14 万两,交刘铭传备用。在做了这些准备工作之后,刘铭传由天津南下,于 7 月 12 日抵达上海。当天就以两江总督曾国荃副手的名义,参与同法国公使巴德诺的外交谈判。

这是刘铭传的一个计谋。原来,7 月 12 日,法国驻北京代理公使谢满禄奉命向清政府提出所谓的最后通牒,要求中国立即从越南北圻撤军,赔偿法国 2 亿 5 千万法郎军费,否则,法国将"直取押款",占领中国沿海一两个海口,作为赔款的抵押,并限令清政府在 7 天内答复。面对这一挑战,清廷急忙派两江总督曾国荃以全权大臣名义在上海与法国公使巴德诺谈判，请求法国延展最后期限。刘铭传一到上海就深感局势十分严峻，摆在他面前的时间只有 7 天了。而装载大批军用品的船只还停留在上海港口，必须设法尽快运到台湾。而这又谈何容易？此时法国远东舰队正在南中国海游弋，密切注视着中国的动向。据来自法国内部的准确情报，法国舰队已做好准备，专等巴德诺发来刘铭传渡海赴台的确切日期，就在海上以突然袭击方式予以击沉。为保证后勤船只顺利抵台，刘铭传以副手的名义参与公开的谈判，陪伴曾国荃在上海与法国公使兼高级间谍巴德诺周旋，而命令他的侄孙刘朝宗率队"先期渡海"。

巴德诺见刘铭传未走，放下心来，7 月 13 日还前来拜访了刘铭传，探询他动身的日期。刘铭传设宴款待了他。席间觥筹交错之际，刘铭传一副顾虑重重的样子。他告诉巴德诺，不等大批护卫师船聚齐上海后，他是不会渡海赴台的；然后在席上以愤怒的口吻责骂向他汇报工作的部下，指责他们办事不力。部下被他骂得眼噙泪水，唯唯诺诺退去。巴德诺以为刘铭传酒喝多了，酒后吐出真言。7 月 14 日，上海一带风雨交加，电闪雷鸣。曾国荃和刘铭传又设宴宴请了巴德诺。巴德诺见刘铭传"状若无备"，席间"豪饮依旧"，已有醉意，又见天气如此恶劣，再经密探探报大批护卫师船尚未到齐，就打电报给孤拔司令，刘督办暂时难以离沪。

谁知，就在这天夜间，刘铭传着青衣小帽，化装成"布衣"模样，冒着大风雨，上了一只小舢板，七弯八绕，登上了一艘升火待发的军舰后，即下令全速驰往台湾。7 月 16 日，巴德诺在谈判桌上突然不见刘铭传露面，就向曾国荃打听。曾氏说刘爵帅醉酒不适，在府内休息。巴德诺心生疑窦，派人打听，方知中了刘麻子的圈套，连呼"上当"、"上当"，急忙电告孤拔："疾发舰追之。"可惜晚了，待法国快舰赶到台湾的基隆海口，刘铭传早已登岸两个小时。这时是公元1884 年 7 月 16 日。

恼羞成怒的法国茹费理内阁听到这一消息后，当即给孤拔下令，一待通牒期限到达，就破坏基隆港湾防御设备，占领基隆市街，夺取基隆煤矿。而登岸后的刘铭传在连续几天查勘基隆、沪尾和台北府城形势后，不禁愁上心头。因为基隆仅有 5 门炮，式样陈旧，炮位地势低下，处于口门之内，不能移动，只能防守正面，难以抵挡敌军来自左右的进攻;基隆守军不到 2000 人,整个台北地区包括沪尾、基隆和台北城的守军也不过 4500 人,力量相当薄弱;原先担任运输所用的永保、琛航、万年青、伏波 4 艘破旧兵轮也被调到福州、上海两地,回防杳无音信;距离台北城颇近的沪尾港道宽阔,"无险可据",敌舰可以长驱直入。假如敌人从基隆和沪尾两面进攻,如何固全台湾根本,如何保住台北府城的后方大营?思虑颇久,一个极大胆的战略思想在他头脑中萌生出来。欲知刘铭传萌生出什么战略思想?请看下集:《撤基援沪》。

六 撤基援沪

上集我们说到刘铭传以金蝉脱壳的方法,冲破法舰的封锁,顺利地抵达台湾。在查勘基隆、台北、沪尾等地之后,发现防御漏洞太多,形势十分严峻,一个大胆的战略思想在心中萌生。只是战争尚未爆发,他还得细细地酝酿,不便说出。

在酝酿的过程中,他决定先做好三件事。

首先召集了台湾士绅和民众代表开了一个动员会,在全台推行团练制,设置了渔团和陆团,渔团在海上巡视守卫,陆团在内地驻扎把守,当场任命台湾本地著名人士林维源担任团练大臣。动员会上,一班梨园子弟突然唱起刘铭传亲自写成的"西仔来打此台湾,百姓和齐要征番"的歌谣。铿锵有力的歌声使台湾本土人士爱台爱国之心沸腾了,大家齐声高唱:"士农工商,有钱出钱,有力出力,团结抗法,保台卫国。"林维源当场捐银 20 万两;彰化人林朝栋毁家纾难,自备枪炮和粮饷,组织了一支 500 人的精壮队伍,前来听命。沪尾的梨园子弟张阿火也表示要组织一支 500 人的神枪手队,协助官军驻守沪尾海口。台湾武举人王廷理和周玉谦也派代表禀报刘爵帅,已捐资组织了一支 300 人的队伍,开赴基隆附近的狮球岭。刘铭传不禁感叹道:民为邦本,民和事成。

守卫台北、基隆、沪尾的是湘淮两系军队。由于历史原因,他们互有嫌隙,互不买账,有时还互相抽梯子,使绊子。如任其态势发展下去,大敌来临之际,就是全台溃散之时。刘铭传为此忧心忡忡。怎么办?

刘铭传思虑了很久，决定尽快做好他到台湾的第二件事。他办了几桌"推诚宴"，请湘淮两系的军事将领出席宴会，当场宣读他写给朝廷的上疏。疏中，他称赞湘系将领孙开华"器宇轩昂，精明强干"，曹志忠"性情朴实，稳慎过人"；并告诫隶属于孙、曹指挥的部分淮系官兵，务必恭顺听命，否则严惩不贷。孙开华和曹志忠等将领深受感动，不仅与刘铭传"纵横谈燕，欢若故人"，还坚定地表示在即将到来的恶战中，"皆奋死不挠"。一时，官兵上下，部队内部，团结奋战的气氛炽烈，抗法保台士气大振。

刘铭传干的第三件事就是重新部署和加强基隆、沪尾两地的军事防御。在精心研究敌方情报后，刘铭传认定法国方面攻击台湾的主要目标是基隆和沪尾两个海口。于是，他来往于两个据点之间，着意加强它们的防御能力。基隆方面，他督军赶筑了 3 座新炮台，分别是社寮岛新炮台、仙人洞新炮台和沙湾新炮台。其中社寮岛新炮台最先进。其掩体是用 20 厘米原钢板和混合灰砌筑而成，可俯瞰并控制基隆港的出口。炮台配置了 17 厘米的克式炮、18 厘米的榴弹炮和滑膛炮 14 门。基隆街内设立了营务处，由记名提督苏得胜主其事，统率所属 10 营约 3000 人，分别驻守在二沙湾、义重桥、基隆小炮山、仙人洞、小基隆山等处。鉴于二沙湾地处前哨，首当其冲，刘铭传出于公心，让自己的旧部"统领铭字武毅右军五营记名提督"章高元和"统领铭字武毅右军副营记名提督"毕长和率部把守。沪尾方面，原有沙仑旧炮台一座。刘铭传视察后，又传令新筑中仑和油车口两座新炮台，配置新式大炮 8 门，总兵力增加到 8 营约 2400 人，分布在油车口、水雷局、水税、沙仑等处，由湘军将领"统领擢胜等营兼卫队二哨记名提督"孙开华主其事。鉴于油车地当沪尾前哨，刘铭传商令孙开华和"帮统管带擢胜中营记名提督"李定明及"管带擢胜右营记名提督"龙步云 3 人率重兵把守。但"沪尾港道宽阔，无险可据"，敌舰来了可长驱直入，直逼台北城，动摇根本。这如何是好？

正在刘铭传犯愁时，一个刘铭传素不相识的人提出建议：爵帅，这好办，以船装石，填塞口门，阻遏敌船突入。刘铭传点点头，以赞许的眼光看了看他。孙开华告诉刘铭传，提建议的人叫李彤恩，原是浙江候补知府，长期不能获得实职，只好到台湾来发展，现在沪尾担任通商委员，"办事勤能，熟悉洋务"。刘铭传当即采纳了他的建议，并与他促膝长谈，发现李彤恩"有智略，然郁郁不得志"。就劝勉他先协助孙开华防守沪尾，等仗打完了建设台湾时，还要仰仗他奉献聪明才智。就在填塞口门行动刚开始之际，英国领事率一干人马气冲冲地赶来，找到刘大帅，大吵大嚷。这是怎么回事？

台湾海峡

原来，英国领事坚决反对填塞沪尾口门，他带来以往与中国签订的条约，声言秋茶马上上市，填塞口门，"有碍商务"。李彤恩对刘铭传说：爵帅，请让我同他们理论。

李彤恩不愧为洋务里手和谈判高手。他说秋茶上市还有一两个月时间，而即将到来的战争根子在越南，台湾方面战事时间不会很长；条约方面是说了中国方面疏浚清理沪尾港口，但有一个"平时"两字，而现在是战时，因此，填塞口门不算违约；法国军舰已封锁了台湾海峡，海峡两岸的商务势必大受影响，特别是英国方面的利益受损是可以想到的。如果法舰由沪尾港口突入台北城，英国方面在台湾占优势的商务前景更难以想象。英国领事被他说得一愣一愣的，想想也是这个道理，就掉头走人，不再啰唆了。

刘铭传这才稍微松了一口气，开始实施他酝酿多日的战略思想。第一步：打好基隆保卫第一战。

公元1884年7月13日晚（清光绪十年闰五月二十一日），法国海军部长裴农致电孤拔："遣派你所有可调用的船只到福州和基隆去。我们的用意是要拿住这两个埠口作质，如果我们最后通牒被拒绝的话。"这时，刘铭传刚到上海。为保证刘氏顺利赴台，两江总督曾国荃积极予以配合，请求法国展延最后期限，作为缓兵之计。待刘铭传到台部署完毕后，曾国荃的态度转为强硬，于8月1日完全拒绝了法方的无理要求。法国公使巴德诺咆哮如雷，于8月2日代表法国政府照会清政府说，最后期限已过，从此以后，法国将"任凭举动，无所限阻"。法方还于当日给孤拔下达命令："破坏基隆港湾的防御设备并占领市街及被推测为市街附近的煤矿。"孤拔将这一命令交法国远东舰队副司令利士比少将去执行。

公元1884年8月3日，利士比率"拉加利桑尼亚"号旗舰、"费勒斯"号巡洋舰、"鲁汀"号炮舰、"巴雅"号战舰共4艘，配备各种口径的新式大炮50余门，载着近千余名陆战队队员驶近基隆海口。8月4日一早，他就派传令兵上岸向基隆方面的守卫部队递交了"最后通牒"，限他们8月5日上午8时以前撤除防卫工事，交出防地集合投降。他们还向停泊在基隆海口的外国商船发出战争通告，限令他们立即起锚开走，气焰嚣张，大有一举踏平基隆炮台的气势。连夜赶来的刘铭传下令守军拒绝答复，以无言的蔑视严阵以待。

8月5日上午8时整，利士比下令各舰4小时内不间断地猛烈轰击基隆各炮台，守军也发炮还击。社寮岛新炮台督炮营官姜鸿胜奋战甚力，第一炮就击中旗舰"拉加利桑尼亚"号的桅杆，以后又有3炮击穿旗舰的装甲室和铁甲，利士比差点丧命。"费勒斯"号巡洋舰也中了守军数发开花炮弹。法军见正面攻击不能奏效，就改为侧面进攻。在猛烈的炮火下，基隆炮台和火药库全部被击毁，引起冲天大火。清军守卫将士也有60余人伤亡。由于守卫部队炮射程近、火力弱，难以在海滩附近与有军舰及强大炮火支持的法军对峙，刘铭传下令守军暂撤退到山后，以避敌炮。曹志忠部虽近海，但由于中隔小山，刘铭传仍令他原地严守。

利士比见清军后撤，即下令马丁中校和达拉克上尉率陆战队

500 余人在炮舰的掩护下，由基隆东部的二沙湾登陆，占领了东侧高地，也就是今天台湾人称呼的无线电山。午后，法军又命水雷队破坏了占领区的所有清军炮台。8 月 6 日下午 2 时，达拉克中尉率领"费勒斯"号舰上的海军陆战队已挺进到基隆街。马丁中校率领"巴雅"号舰的陆战队官兵，猛烈攻击曹志忠营所据守的高地。利士比见战事顺利，得意扬扬，连忙向司令孤拔和法国政府发出出师大捷的电报。电报声称：基隆初战大捷，那个被称为骁勇善战的刘铭传不堪一击，已躲到山后，活捉他只是时间问题。

撤退到山后的刘铭传在营帐内阴沉着脸，紧锁着眉头。部将和亲兵们小心翼翼，不敢发出任何的声音。突然，刘铭传发布两道命令：一是命令杨洪彪将基隆的八斗煤厂机器拆除下来移至后山埋藏起来，用水浸没煤井，并将厂房及 15000 吨的储煤全部焚毁。他说："此举是不让法军在基隆补充能源。"杨洪彪不敢怠慢，立刻带人去执行。二是叫新兵传令诸将到大营计议破敌方案。诸将奉命前来，只见刘铭传正在吃早饭，边吃边对身边的师爷唉声叹气。诸将惊呆了，震撼了。因为他们从未见过刘爵帅如此悲观过。

见诸将到齐，只听刘铭传以悲怆的口吻说道："我曾经以数千人打败十万敌军，但都是得力于刘盛藻和唐殿魁两个人一文一武的佐助之力，可惜他们都死了。假使他们还在，我刘铭传怎么会为法军的进攻忧虑啊?!"部将章高元、邓长安等听后激动得"眦尽裂"，他们瞪大眼睛吼道：爵帅，我们跟您也有十多年了，"公今困绝域，我等义不生还，唯公命之!"刘铭传见激将法已经奏效，立刻放下手中筷子，站起来，握着他们的手说："好男儿! 勉力功名，唐刘不得专美于前矣。"于是，他授以"诱之陆战，三面夹攻"的计策，并郑重地告诉他们："两军相遇勇者胜。"

8 月 6 日下午 2 时后，苏得胜、章高元率百余名敢死队从东面突击法军马丁中校的陆战队，邓长安则率亲兵小队 60 余人从西面突击；曹志忠见援军来到，按照事先约定，亲督王三星等 200 余人从山地杀下来。这时，法军的远程炮火已无法施展淫威，失去了火力优势。而清军同仇敌忾，短兵夹击，正是施展威武的好时机。"枪战逾时，我军所恃后膛枪皆能命中，击倒山巅拥纛之法酋二人与山下法兵头一人。敌军大溃，我军一鼓登山，直破敌营。"夺获洋枪数十杆，帐房十余架,军旗两面,斩首一级,伤毙法军百余人,残敌纷纷逃到军舰上。据参与此战的法兵罗亚尔在其所著的《中法海战》中供称:"他们的包围圈渐渐收缩起来……撤退已是必要的了。撤退又是那么急迫地执行,以致军队的主力不能如预期的良好秩序撤退。"乱成一团的法军,不少人就是在互相挤踏中堕水而亡。利士比刚拍完出师大捷的电报,就面临如此的败绩,他绝望地叫道:"水手永不到陆地上作战。"

战后,刘铭传在给清廷奏折中不无欣慰地说:基隆初战"仰荷天威,将士用命,有此血战,稍挫凶锋,实足以抒激愤",并为立下战功的将领士兵请功。光绪皇帝发布上谕,表彰了刘铭传"调度有方,深堪嘉尚,著交部从优议叙",并准许其请求,赏记名提督曹志忠穿黄马褂;记名提督苏得胜、章高元均着遇有海疆总兵缺出,即行简放;章高元并赏换"年昌阿巴图鲁"名号,苏得胜赏换"西林巴图鲁"名号;副将王三星着以总兵记名简放,并赏给"腾依巴图鲁"名号,已革游击邓长安准予开复原官。西太后闻报也急忙来凑热闹,她掏出私房钱3000两白银赏赐给基隆3000余名守卫将士,平均每人不到一两。

刘铭传用的鹖毛扇

就在台湾军民沉浸在基隆初战大捷喜悦之际,刘铭传突然做出一个惊人的决定:大军从基隆撤退,援助沪尾,固守台北府城。这就是他的战略思想的第二步:撤基援沪。

这一消息像炸开了锅似的,遭到清廷当局、台湾将领和社会人士的坚决反对。当撤出基隆的命令刚刚下达时,他的部将章高元首先跪下哭谏:爵帅,我等刚刚打了胜仗,正可乘胜歼敌,现在撤出基隆,实在想不通,请"收回成命"。湘军将领曹志忠和通判梁纯夫也伏地哭劝,拉都拉不起来,一时军心紊乱。事后有人作诗讥讽了他们:"基隆一栗耳,浮在海之角。貔貅二十万,大帅开帏幄。暮夜曳兵行,铁城突荦确。可怜小吏愚,哭民双目瞀。"

刘铭传大怒,拔出佩刀砍下书桌的一角,大声呵斥道:"不舍基隆,台北不能保,违者斩。"一些部将仍喋喋不休,说将来朝廷处分下来怎么办?刘铭传见时间紧迫,铁青脸吼道:"军家大事,不是一般人所知道的;违抗命令者,请看这书桌。现在我当众发誓,如果朝廷有什么处分和谴责,我一人担当,决不拖累你们!"部将见刘爵帅有如此誓言,默然接受。大军有序地撤出基隆。

谁知一波刚平,一波又起。当大军撤退到板加时,数千名台湾老百姓愤怒地围了上来。他们高呼:"不准撤出基隆!""撤出基隆就是懦夫!""撤出基隆就是汉奸!"刘铭传知道这些人是湘系台湾道刘璈及其爪牙朱守谟煽动来的,稍加不慎,就会引起民变,坏了台湾大局。当朱守谟带来的人对轿中的刘爵帅动手动脚时,亲兵异常愤怒,准备武力弹压,被刘铭传坚决制止。他想到大敌当前,倘若有些微之失,大局就会不可收拾。于是,他忍辱负重,镇定自若,仅向围攻的百姓作了简单的解释说明后,即率军撤退至台北府城。第二天凌晨,又派章高元、曹志忠、苏得胜各率数百名敢死队员驰救沪尾。

刘铭传为什么在打了胜仗之后即要从基隆撤退?又为什么要撤基援沪?据刘铭传当时给朝廷的上疏和给部将的解释中可以看出:他的这种战略思想早在初到台湾巡查踏勘之后就已成竹在胸,之后更加坚定。它来源于对敌我双方客观形势的正确估量。

一是对基隆战场的分析。基隆位临大海,前无任何屏障,便利敌舰炮火优势的发挥,但城后重峦叠嶂,有险峻的月眉山、狮球岭诸峰,可以扎兵把守。近代战争,军队绝不能在乎一城一池的得失,只有跳出近海战场,避开船炮,诱敌陆战,才能扬长避短,发挥隔山坚守、短兵促击的优势。

二是对沪尾和台北府城的分析。沪尾兵单,距离台北府城只有15公里,沿途一马平川,毫无屏障,不像基隆那样,距离台北府城较远,沿途地势复杂。沪尾离大陆福州又很近,可以说是隔海相望。在基隆初战失败后,法军将怒火发泄到福州。偏偏遇到两个脓包船政大臣何如璋和会办海疆事务大臣张佩纶,结果马尾海战,清军大败,11艘军舰和19艘商船被击沉,马尾造船厂毁于一旦,炮台全部被夷为平地，700多名清军官兵伤亡。如此，失去福州方面的倚靠和支援，沪尾的形势就更加严峻。在接到法舰从福州开到沪尾消息后，就不能不全力援助沪尾。保卫沪尾，就是保卫台北府城。因为全台军装粮饷全在台北府城，"倘根本一失，前军不战自溃，必致全局瓦解，莫可挽回"。因此，从保卫台湾全局出发，退出基隆"坚保沪防，拥护台北府城，固全根本"才是上策。

三是对法军特点的分析。在刘铭传看来，法军远隔重洋，利在速战。只要我军坚力以持，断绝它的粮源和能源，那么它的兵轮久居海中，既无煤炭，又无淡水，"当可不战自困"。同时，撤出基隆，留一座空城给法军，就是留一个包袱给他们。如此，不但可驱使他们大部分人登岸驻营，达到分其兵势的目的；而且我军小部队可以不断予以偷袭，积少成多，歼灭其有生力量。

四是对我军的清醒估计。台湾没有军舰，无法从海上抵御法舰的侵袭。基隆初战虽然取得胜利，但防御工事全被摧毁，急切中难以维修兴筑。再加上适逢夏季，天气炎热，时疫蔓延，基隆守军将士病倒大半，只能挑选1200余人作战。而沪尾的能战者不到1000人。如今，法军在基隆、沪尾两边同时急攻，清军首尾难顾。权衡利弊，只有冒斧钺之诛的风险，实施早已成竹在胸的"撤基援沪"的战略，即放弃基隆，援助沪尾，固守台北府城，确保全台大局。

公元1884年10月8日上午8时45分。法国8艘军舰齐向沪尾各据点猛烈开炮。沪尾保卫战拉开了序幕。沪尾会不会丢失。法军占领台湾基隆和沪尾两个港口的企图能不能实现？欲知后事如何，请看下集：《沪尾大捷》。

七 沪尾大捷

上集我们说到公元 1884 年 10 月 8 日上午 8 时 45 分,法国军舰挟着在福州大胜的余威,开始向台湾沪尾各据点猛烈开炮。沪尾保卫战拉开了序幕。

这一天,沪尾起了弥天大雾。法国多艘军舰在与海岸线平行的一条线上从南至北依次排列,它们是"蝮蛇"号、"拉加利桑尼亚"号、"杜居土路因"号、"凯旋"号、"胆"号、"德斯丹"号、"雷诺堡"号和"尼夫"号。各舰的炮口都黑黢黢地对准沪尾海口。

公元 1884 年 10 月 8 日上午 8 时 45 分,利士比一声令下,法舰8 艘一齐向沪尾各据点猛烈轰击,一时炸弹如雨,烟尘蔽天。在狂轰滥炸了半个小时后,他们以为港口的炮台已全部夷为平地。但结果却出乎他们的意料:当杲杲红日升起之时,法军发现击中的都是炮台边上的物体,沪尾的各炮台依然矗立在那里,而且发出了震天的吼声。第一炮就击中法舰,把"维伯"号战船头桅击成两截;第二炮又将"维伯"号战船的船体击穿,露出了一个深深的大洞。当时沪尾英国领事法来格特地登高目睹了这场海陆炮战的过程,事后向英国政府报告说:"中国炮台发出炮弹,可命中击打法船,将法国'维伯'战船头桅开成两截,复于其船旁击一大洞……而法船发出炮弹甚不得利,均击中于事无济之他物,独不得打击炮台。是时,其炮台之完固,与开仗之先,差无几也。"

9 时 15 分左右,法舰散开。岸上守军预料这是法军登陆的先兆。按照刘铭传事前授予的"四面埋伏、聚而歼之"的战术,沪尾总指挥官、湘军将领孙开华亲督擢胜营右营营官龚占鳌埋伏在假港；擢胜营中营营官李定明埋伏在油车口，以后营营官范惠意为后应；章高元、刘朝祜等淮系将领各率营官朱焕明埋伏在北台山后。北路山间也有一批人仰卧在那里，他们个个赤裸着上身，披散着头发，手握着土枪，口中嚼着槟榔，红汁液沾满了嘴部和颊部。他们是什么人？

他们是张李成率领的500人的土勇部队。张李成原名达斌，小名阿火，台湾本土人，平时以唱戏为生，是台湾戏剧界颇有名气的人物，有一定的号召力。李彤恩受刘铭传之命，编练土勇抗法保台。张阿火不唱戏了，要求应选。李彤恩说："阿火，你是唱戏的，怎么能打仗？"张阿火对答道："我生在台湾，长在台湾，是一个中国人。我不想改变服装装饰成为法国人的亡国奴。台湾内山有我的戏迷上千人，都是能射善猎的神枪手。他们召之能来，来之能战！"李彤恩眼圈红了，被这个台湾本土人的拳拳爱国之心感动得落泪了，当即允诺他组织一支土勇，并带着他拜见了刘铭传。

刘铭传对张阿火大加慰勉，拍着他的肩膀说："沪尾之战，看你的神威。"张阿火欣喜若狂，当着各位戏迷说："我现已改名张李成了，你们不要再叫我张阿火。"众人问道："阿火，你这是在搞什么鬼？"张阿火笑着说："李彤恩成全了我报国杀敌的愿望，并带我见了刘爵帅，受到慰勉和激励。这就是我改名的原因。"

9时35分，法军见岸边寂然无声，于是在"雷诺堡"号舰舰长波林奴的率领下，近千名陆战队士兵乘小艇自沙仑东北海岸，也就是今天台北淡水浴场一带登陆，分两路猛扑沪尾炮台。10时10分，随着"砰砰砰"几声枪响，埋伏在四处的清军从各自营地壕沟内冲杀出来。法军凭着他们精良武器的抵挡，一度使冲杀出来的清军进攻受阻。章高元和一个姓朱的哨官，"见前军不利，裸身衔刀"，大呼突入敌阵，引起敌军内部慌乱。孙开华率李定明、范惠意所部趁机分途截击，法军力不能支，退到一个小山上结阵抵抗。清军进攻受挫，伤亡较重，刘铭传这时出现在战场上。只见他身着短衣，脚穿草鞋，骑在马上，亲督后军跟着章高元和朱哨官向法军发起殊死的攻击，突然一发炮弹飞来，落在刘铭传的身边。他身边的官兵数人当即倒地，他的心爱的战马也受伤卧地不起，刘铭传摔倒在地，众人大惊失色:"爵帅,您怎么啦?!"

只见刘铭传站立起来,说道:"人自寻弹,弹何能寻人?"当满脸、满身血迹斑斑的朱哨官被引到他面前时,刘铭传将身上的一件衣服披在他身上,口授命令,破格提拔朱哨官为都司,也就是由排长一下子提拔到团长。他高声赞道:"好男儿就要像朱哨官一样!"将士们立即精神旺盛,士气大振,呼啸着奔向前线。突然,法军阵营内传出一片鬼哭狼嚎的叫声,不少人没命似的奔下山来,只恨爹娘少生了两只脚,向着海边溃逃。站在远处的刘铭传用千里镜瞭望战事,脸上露出了笑容。一边的师爷奇怪地问道:"爵帅,法军怎么啦? 他们遇到了鬼吗?""不,他们遇到了天神!"刘铭传大声地答道。

是的,法军是遇到了"天神"。这"天神"不是别人,是张李成的土勇。也是法军倒霉透顶,应了中国民间的那句俗话:"屋漏偏遇连天雨,船破正逢顶头风。"他们退到的小山正是张李成土勇埋伏的地方。只见这些"天神"兵爷卧在法军看不到的草丛中,以右脚作支撑架,翘起左脚,以脚趾扣动扳机,250 支枪齐响,弹无虚发。法军定眼望去,以为遇到了魔鬼,"大骇而退"。还未等他们的魂魄入窍,山后张李成的另外 250 名"天神"又杀了出来。他们个个"散发赤身,嚼槟榔,红沫其吻",配合追赶上来的清军正规部队,作"圆阵包敌"。法军阵营内一片号叫,人人慌忙夺路而逃。

这次战斗自上午 9 时杀到下午 1 时,清军阵亡哨官 3 名,死伤兵勇百余人。法军被斩首 25 名,内军官 2 人,被击毙士兵 300 余人,14 人当了俘虏,78 人因溃逃抢上舢板溺水身亡。法军舰队为掩护败兵溃退,盲目开炮,击沉自方小轮一只,并遗下格林炮一门。清军大获全胜。这就是台湾历史上所称的"沪尾大捷"。

沪尾大捷不仅使台湾军民膺服了刘铭传的"撤基援沪"战略,而且使法国侵略者的嚣张气焰受到沉重打击。参与这次战斗的法军哀叹道:"这次失败,使全舰队的人为之丧气。因为事前大家都喜欢说:'这次行动不过是一种军事的游行散步,一枪也不用放的。'所以感到的痛苦更为沉重。对于这不祥的一天的悲惨景象,又加上惨重的损失,大家的谈话总不能脱开这么令人伤痛的话题。"他们中有人还绝望地悲鸣:"10 月 8 日对淡水(即沪尾)所作的企图,永不再试了。"

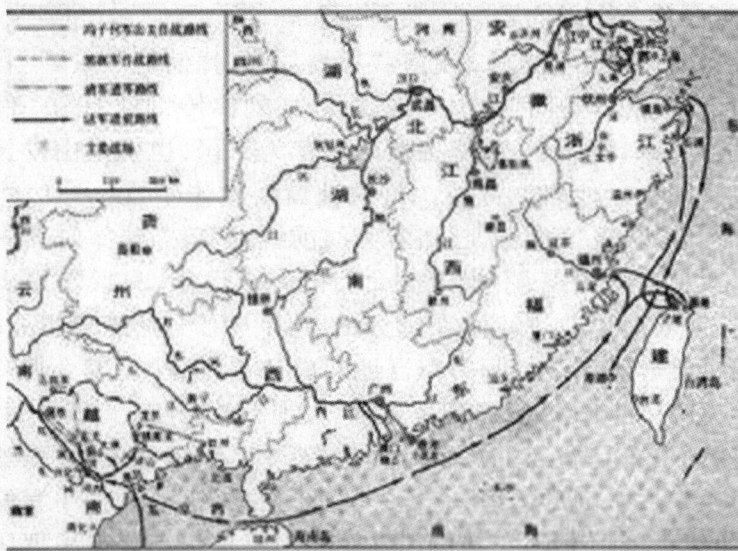

中法战争

沪尾大捷不久，当时中外报纸，如中文方面的上海《申报》、广州的《述报》、香港的《华字日报》，英文方面的上海《字林西报》、香港的《南华早报》，法文方面的《巴黎新闻报》等，都刊载消息报道。一些反对本国政府好战政策的法国人还把"沪尾大捷"绘成巨幅图画，张贴在巴黎街头，"诧为近世奇功"。法国茹费理内阁一小批好战分子对此愕然无措，昔日狂妄不可一世的骄气被普遍的沮丧取而代之。

法国远东舰队经基隆、沪尾3次接战后，已知刘铭传驻守的台湾岛是一块吞不下去的硬骨头，难以攻取，又深恐清廷增援台湾，对己更为不利，即在1884年10月20日（清光绪十年九月初二日）由孤拔发表封锁台湾所有海口的宣言：

"法国远东舰队总司令海军中将孤拔，谨依据职权为左列之宣言：

自一八八四年十月二十三日起，自南岬（鹅銮鼻）起经西北方至苏奥（前者为北纬二十一度五十五分，东经一百十八度三分；后者为北纬二十四度三十分，东经一百一十九度三十四分）沿台湾海岸及港口，将置于我所统率海军之有效封锁下。所有友邦及中立国船舶統限于三日内将货物起卸即撤离封锁区域,对于所有企图侵犯封锁之任何船舶按照国际法及现行条约之规定加以处理。"

这种海盗般的行径显然暴露出法军的虚弱,但却使台湾蒙受严重损失:文报不通,接济阻绝,互市停息,物资匮乏,物价激涨。一时台湾群情汹汹,形势危在旦夕。刘铭传坐不住了,陷入极大的苦恼之中。怎么打破这种封锁? 怎么打破这种封锁!

一天,刘铭传叫沪尾通商委员李彤恩到爵帅大营来。李彤恩一到,刘铭传就说:"彤恩啊,我想与英国领事法来格会晤,请你安排。"几个小时后,李彤恩将法来格引到爵帅府。刘铭传起身相迎,叫差役将法来格引到上座。不一会儿,午饭时间就到了。刘铭传在爵帅府内设宴款待了英国领事一行。宴席上仅有四菜一汤一甜点。四菜一是炒鸡丁,一是炒肉片,还有两样蔬菜;汤是紫菜蛋汤,甜点是面包。刘铭传站立起来,举杯说道:"不成敬意,由于法军封锁,台湾物资匮乏,只能备这几样菜招待您了。"法来格当即愤愤地说道:"这就很不错了。我们领事馆已有好几天都吃不上面包了。封锁封锁,我们连面粉也买不到。这些可恶的法国佬!"听法来格这么一说,刘铭传当即传令差役将爵帅府库存的十几袋面粉立刻送到英国领事馆,然后又不失时机地问道:"法来格领事先生,此种困境,不知您与美国方面有什么应对之策?"法来格连忙答道:"我们正在研究一个方案报告上级。"刘铭传笑着说:"好,希望能尽快实施。"法来格说:"我这就去催!"法来格所说的方案是个什么方案呢?

几天以后,法来格的方案公之于世了。一是英美两国以中法两国为交战国,英美持中立态度为理由,禁止法舰在香港停泊,更禁止法舰在香港添煤、添水和修理。二是英美两国发表宣言,强烈抗议法舰封锁台湾海峡,声言英美商船将在武力护航下,自由进出台湾海峡。法国茹费理内阁和孤拔中将一下子目瞪口呆。他们向英美等国多方交涉,但无济于事。因为这些国家特别是英国在台湾等地的商业利益太大,封锁将给它带来巨大损失;同时英法两国在非洲殖民地问题上的夙怨,也使它不满法国方面的现实行为。

英美商轮见本国政府撑腰,就置封锁宣言于不顾,以高价代清廷向台湾运送物资和人员。中国民船也跟在外轮后面将货物、军饷、器械等送到海峡对岸。有的商轮和民船采取夜航偷渡和绕道东南海岸登陆的方式,突破法军的封锁线。公元 1884 年 11 月中旬,当第一批援兵淮勇 500 人、枪支 1000 杆、饷银 3 万两突破封锁到达台湾时,守卫宝岛的军民热泪盈眶,欢呼雀跃。其数量虽少,但却使台湾军民深感身后有祖国大陆的支持。甚至清廷 10 月 30 日(清光绪十年九月十二日)的"刘铭传补授福建巡抚,仍驻台督办防务"的上谕,也是由民船从鹿港间道,于 11 月 22 日(清光绪十年十月初五日)到达台北府城刘铭传手中。刘铭传这才在 23 天之后知道自己由虚职转为实职。

为战胜法舰封锁,台湾的本地志士仁人林维源、林朝栋、林汝梅、王廷理、周玉谦也纷纷捐资募勇,协助刘铭传共筹抗法保台大业。刘铭传特地给清廷上了一道《台绅捐资募勇屡战获胜并各军分守情形折》,予以表彰,并郑重声言:法军虽然封锁甚严,但"台湾军机差得生机"。这实际上宣布了孤拔的禁海令已经失败。正如英国《泰晤士报》所说的那样:"中国兵丁、军械,皆由小艇运来;所谓贸易,亦由小艇私做,孤拔封口一节,全无成效。"法军在沪尾之战和封锁台湾两事上的惨败,使茹费理内阁慌了。为抵消丑誉,他下令窃居基隆一角的法军攻打狮球岭等山地,以便将清军逐出基隆河上游北岸的三角形地带,然后乘胜进军台北府城。为此,孤拔又从越南搬来大批援军,自公元 1884 年 11 月 7 日开始,不断攻击基隆附近的暖暖、鸟脚峰、石梯岭等地。守军和台湾当地土勇拼死抵挡,双方展开了争山逐岭的拉锯战。法军能否从基隆进军到台北府城?欲知后事如何,请看下集:《法军败归》。

八 法军败归

  上集我们说到法军改变战略战术,增派大批援兵,想从基隆方向进击,直捣台北府城。而清廷这时也不断催促刘铭传乘胜收复基隆城。朝内一班权臣文士纷纷说道:朝廷已经实授福建巡抚了,你刘铭传应该以收复基隆城作为回报。刘铭传却不同意皇帝和权臣的意见,他说:"焉有隔海可遥度者?"哪里有隔海在远方指挥调度的事啊?"纵得基隆,终难拒守。"他的意思是让出基隆,拖住法军,扼守要冲,在山地间与敌军打一场拉锯战、消耗战和持久战。

  早在"撤基援沪"时,刘铭传就在基隆街后的狮球岭等高地部署了曹志忠和土勇林朝栋、周玉谦等部扎卡扼守。1884 年 11 月 7 日至 9 日,中法双方在暖暖发生了一场遭遇战。台湾武举人周玉谦率土勇严守山隘,挫败了法军的猛烈进攻,击毙法兵十数人,内有兵头一人,法军没有占到便宜,败退而去。12 月 1 日(清光绪十年十月二十四日),法军重新组织力量,分两路进攻。一路于 11 日自深澳坑、月眉山形成钳形攻势,潜袭曹志忠守军。在刘朝祜、林朝栋率队支援下,法军因死伤过多,溃退下去。另一路于 12 月 12 日扑向鸟嘴峰营卡,侵占了中国阵地,双方展开白刃战,法军采取毒辣的火攻战术,使埋伏在壕沟、地窖内的清军死伤颇重。眼看清军全军溃退,就听到有人说:"爵帅来了!"

  只见身着短衣草履的刘铭传出现在战场上。他是在闻讯后组织了一支 500 人部队前来增援的。他高喊:"成败关键,在此一战!"清军振作精神,奋力厮杀,击毙旗手,夺获军旗。法军军心大乱,急

忙向狮球岭方向退去。刘铭传勘察战场，看见被烧死的众多清军官兵，不禁掉下泪水。他哽咽着说："就地盛葬！记下他们的名字，他们可都是要上中华英烈谱的功臣啊！"公元1885年1月10日（清光绪十年十一月二十五日），就在刘铭传盛葬了在烈火中牺牲的清军官兵之后，在炮火的掩护下，千余名法军又来进攻了。他们个个穿着红衣、剃着光头，与以往的法军装饰迥然不同。他们是些什么人？

他们是法国的重刑犯和死囚犯。原来，孤拔和利士比见台湾的战事不顺，就电告法国政府，将全法国的重刑犯和死囚犯中懂军事的人组成敢死队，调到台湾来。利士比告诉他们："你们横竖就是一个死，不是死在战场，就是死在牢狱。现在我们给了你们一个机会，就是歼灭清军，占领台北府城。到了台北城，三天之内，没有任何限令。城内的财产和女子任由你们搜索和获取。不仅如此，战后，活着的人成为自由人，战死者受到政府优厚抚恤！"囚徒们一听，兴奋得嗷嗷乱叫，然后冒死向清军阵地蜂拥而上，屡退屡进，来势异常猛烈。刘铭传知道此次战斗遇到对手了，因为这批人全是亡命之徒。他叫来曹志忠和林朝栋，要他们做好两件事：一是迅速选调一批神枪手，埋伏在阵地南、北、西三个方向，专打领头的红衣囚徒；二是要他们下令守军不准乱放枪弹，待敌人逼近后才开始射击，务求一个"准"字。

于是，战场上出现了这样一种场景：领头的红衣囚徒刚呼喊"冲锋"，就"砰"的一声栽倒在地下。换上一个领头的，又"砰"的一声倒下。定眼望去，倒下者都是脑袋上中了枪弹。利士比急了，他要一个名叫拉丁的军官亲自督队，驱赶囚徒们冒着弹雨冲锋。与以往不同，清军阵地时射时停，这边囚徒敢死队刚进，则遇到密集的枪弹；退下后，战场上则一片沉寂。突然，法军敢死队内出现骚乱，大批红衣囚徒纷纷向后逃窜。原来，是刘铭传叫曹志忠率领一队人马从左边突袭敌军，击毙了督阵的军官拉丁。红衣囚徒们没有了指挥官，只好作鸟兽散了。

这次战斗，自上午7时打到下午7时。法军终于在伤亡百余人后溃退。半夜，法军潜入阵地企图抢拉丁尸体，又被清军管带林朝昌率土勇击毙数人，斩首7级。清军在整个战斗中仅死伤10余人，取得了基隆山地拉锯战的重大胜利。但公元1885年3月4日清军却在战斗中大败,不仅死伤众多,而且丢掉了月眉山高地,失败的原因何在?难道是刘铭传的战略战术出了差错?

不是刘铭传的战略战术出了差错,相反是那些主张"不惜一切代价收复基隆城"的人在现实中碰了大壁。原来,清朝皇帝和一些权臣一直指责刘铭传不收复基隆城是"不图进取"、"坐失机宜",是"怯战"。刘铭传告诉他们收复基隆,必须冒仰攻危险,"用兵之道,攻坚最难,仰攻尤险",而"纵得基隆,终难拒守",因为清军没有一只军舰,难以在海中护守城池。当务之急是"扼守水陆要冲,拥护台北府城,固全根本"。清廷见说不动刘铭传,就叫大学士左宗棠以钦差大臣名义到福州督办两岸军务。左宗棠是主张"不惜一切代价收复基隆城"的。他决定绕开刘铭传,从大陆内派来湘系部队名将王诗正一军抵达基隆前线。经过台北府知府陈星聚和基隆通判梁纯夫二人秘密联络,说服了湘系曹志忠部配合,进攻基隆,冀望一举收复,树立英名,也给"怯战"的刘铭传一个好看。3月4日,王诗正率本部和曹志忠部的大队人马远离月眉山营卡,向着基隆城杀去。躲在暗处的利士比大喜过望,连忙命令法军名将杜塞斯雷率千余名精锐部队,配备重炮火,乘虚而入,突然奔袭月眉山支山戏台山。守军仅有700余人。曹志忠和刘朝祜只好一边坚守,一边飞书告急。苏得胜闻讯,不得不从防守六堵和披寮隘卡的为数不多的铭军中,抽调500人驰救。3月5日清晨,法军又增添2000人,分3路进逼月眉山。此时此地守军仅有几百人,湘军将领曹志忠这才意识到怂恿支持王诗正轻敌冒进是错误的。虽然他率军拼死抵挡,但终究寡不敌众,被法军从戏台山中部截为两段,腹背受敌,难以支持,丢失了月眉山。

退到山下的曹志忠不禁号啕大哭。他一哭自己难以挽回失败的颓势;二哭自己不听刘铭传的嘱咐,再犯图功轻进、伤亡惨重的错误。早在公元1884年11月2日(清光绪十年九月十五日),曹志忠就曾在陈星聚和梁纯夫的捣鼓下,不经刘铭传的同意,趁夜率军仰攻法军占领的狮球岭九苔坑营垒。由于山高路险,加上无火炮支援,结果曹军刚到山下,就被法军发现。在法军强烈炮火下,曹军伤亡将士40余人,败退下来。刘铭传闻讯赶来,没有处分他,只是以坚定的口吻说:"曹志忠,你给我稳扎月眉山五堵营卡,切勿图功轻进,以免造成更大伤亡;更不能以基隆一角,失台湾大局,成为历史罪人!"他不知道,这次失败刘铭传将如何处理他?

刘铭传来了,他率领淮军聂士成部400余人于3月5日夜赶到六堵。6日晨,他见到前线清军败退的惨景,痛心极了,也愤怒极了。据他自己说:"见前敌败退,痛愤莫可如何。"但他仍然克制住自己,没有处理湘军的任何一个将领,包括两犯错误的曹志忠。由于基隆河北部地区基本上被法军占领,清军已被迫撤退到河南。刘铭传审时度势,作了紧急部署。他命令王诗正一军坚守五堵,曹志忠一军守卫六堵和小坑一带,林朝栋两营人马驻扎在小坑前的草兰尖山顶,王廷理、周玉谦率土勇驻守暖暖街后河。他自己则亲督聂士成、苏得胜、刘朝祐所部淮勇驻扎六堵间,以扼守台北大道,并在基隆河北岸的港孜、火炭坑、马陵坑一带,安置两营人马以牵制法军进攻。部署完毕,他召集各部将领开会,手握佩刀,铁青着脸,大声吼道:"只准扼守,不准迎击,严防浪战。如果谁再敢违抗我刘铭传的命令,休怪我严惩不贷!"说完,他把佩刀猛地扎进山地中。佩刀在地上晃晃悠悠,晃晃悠悠,映着晨曦,闪闪发光。王诗正和曹志忠羞愧地低下了脑袋。

清军的防御阵营至此稳定了下来。1885年3月16日(清光绪十一年正月三十),法军几次派数百名工程兵架桥,企图以重兵杀进河南,沿台北大道进军台北府城,但都被守军击退。自此以后,法军再也无力进攻,战事呈胶着状态。孤拔中将急了。他着急什么呢?

他焦急的是中国军队不来收复基隆城。他在给海军部长裴龙的电报中说:"准备激战的敌人,其主要目的也许不是将我们逐出基隆,而是要使我们将海陆军都固定在这地方;因为我们的海陆军在中国其他地方会更加有效地使敌人受到威胁,敌人便竭其所能将我们牵制在这个地方。从这最后的观点上说来,最近的发展已使敌人感到正中下怀。"这期间,刘铭传下令一些小部队不断袭扰法军,有时把点着的鞭炮放到酒桶里吓唬法军,组织狙击手点射法军的官兵。孤拔连忙向海军部报告:"局势不稳,且随时可以变为危殆。"他的下层军官则干脆把基隆城称为"悲惨堡垒",认为法军在这里驻守,"实在可怜到极点"。于是,孤拔开始无节制地饮起酒来,没有几天工夫,一箱酒就被他喝得精光,为解酒瘾,他还专门派军舰到香港和越南购来上千箱白兰地。

　　他是借酒浇愁啊。孤拔原先以为占领基隆城，即可压迫刘铭传俯首乞降，缔结城下之盟，结果，对手根本不予理睬；他还想再战沪尾拿下这个海边城市，直捣台北府城，活捉刘铭传，定台湾大局，却遭到前所未有的惨败；他又想从基隆进发，夺取城后山地进而占领台北府城，创造惨败后的奇胜，不料却劳师疲兵，犹如陷入泥潭，不能自拔。如今，远东舰队的能源补给在这里毫无保证，不得不到香港乞求英援，英国人一不高兴，还要到越南，千里之途，劳民伤财；基隆城已成一座空城，而且时疫蔓延，自己的部下千人死伤，千人染疫，已经士气低落，军心涣散；茹费理内阁已指责他"无能"，说台湾战事被他搞得"旷日持久，劳而无功"，甚至威胁他，如再不立奇功，将"断绝军援"；而奇功则是引诱刘铭传全力攻打基隆，然后乘虚直捣台北府城，而刘氏不上圈套，反而把自己玩弄于股掌之上，置于被动挨打的地位，搞得他进不能进，退又不能退。就在他酒意微醺时，译电员送来一封电报，他醉眼蒙眬地看过之后，精神为之一振。

　　电报是海军部拍来的。电报说："为着缓和我们放弃台湾所生的结果起见，政府决定占领澎湖群岛。"孤拔心领神会，当即给译电员口授回电："提督完全了解，政府主张占领澎湖，目的是在润色以后的台湾撤退。"他像被注射进强心针似的，神情亢奋起来。因为他知道，此举一是为遮掩灰溜溜色彩而采取的以退为进的手法，面子上好看一些；二是政府已决定撤离台湾岛了，远东舰队和他也将返回法兰西老家，回家的日子毕竟比在这里好哇。孤拔于是在3月29日率7艘军舰在澎湖登陆。这时，恰逢清军冯子材在越南义军的支持下取得镇南关大捷。消息传开，3月31日茹费理内阁倒台。4月4日（清光绪十一年二

刘铭传坐的红木活动椅

月十九日),《中法议和条约》签订,宣告了法军侵略台湾的战争以失败而告结束。

孤拔酒喝得更厉害了。他终日郁郁寡欢,以酒浇愁,三天两头喝得酩酊大醉,终于在公元 1885 年 6 月 11 日在澎湖岛上饮恨而亡。根据议和条约,6 月 21 日,法军撤离基隆,7 月 22 日撤离澎湖,到 8 月 4 日完全撤光。在中国军民的英勇抗击下,法军占领台湾的企图破产,只在基隆留下了"一座巨大悲惨的坟场",内有 500 多个法军官兵,成为侵略者可耻下场的永久标志。而刘铭传,作为这场抗法保台战争的指挥者,则在近代中国史册上留下英名。美国台湾史家马丁曾认为中国抗法保台的胜利,"是在刘铭传的能干的指挥下进行的"。近代中国文史大师、维新派领袖梁启超更作诗赞扬刘铭传领导的这场保卫战:

甲申之秋方用兵,南斗骚屑桴鼓鸣。
海隅倒悬待霖雨,诏起将军巡边庭。
将军功成狃文忠,高蹈久谢尘轩缨。
国家多难敢自逸,笑揖猿鹤飙南征。
半天波赤驰长鲸,魑魅甘人白昼行。
百年骄虏玩处女,将军飞下万灵惊。
鸡笼一战气先王,沪尾设险畴能婴。
其时马江已失利,黑云漠漠愁孤城。
忍饥犯瘴五千士,尽与将军同死生。
手提百城还天子,异事惊倒汉公卿。
……

当刘铭传率部凯旋基隆城时,驻扎在这里的法军官兵以沮丧的心情交出枪支,表示投降。少数部将和群众在欢呼雀跃之后开始殴辱这批降军和俘虏。一些人为表示自己高涨的"爱国"热情,还跑到法国坟场前,动手毁弃坟墓。刘铭传愤怒极了,说道:"岂能辱降杀降,岂能掘人之墓,这不是泱泱大国、正义之师的做派。这批人看似爱国,实则误国、害国,是阴暗心理的发作,是起哄。"说完,他叫亲兵驱逐制止了这些人,给投降的法国官兵和法国俘虏每人发放了 100块大洋遣送费。降军们投来感激涕零的眼光。这时,刘铭传才徐徐地说道:"回去吧!告诉你们的国人,台湾是一块咬不动的硬骨头,想咬,是要冒丢掉牙齿的危险的。回去吧,告诉死者的家属,坟场我们是会保留下来并保护好的,因为它是一个历史的见证。"一旁的李彤恩以流利的法语作了翻译。他与刘铭传一样,沉浸在胜利的喜悦之中。他绝没有想到,几天以前,一道上谕从京城飞来:"李彤恩着即行革职,听候查办。"这是怎么回事?欲知后事,请看下集:《力保彤恩》。

九 力保彤恩

上集我们说到沉浸在胜利喜悦之中的李彤恩突然被上谕:"李彤恩着即行革职,听候查办。"李彤恩惊呆了,刘铭传也惊呆了。

李彤恩是保台的功臣,怎么成了罪人?这颠倒是非的上谕又是怎么形成出笼的?刘铭传连忙发电询问个中原因。原来此道上谕是钦差大臣左宗棠奏参的结果。

公元1884年12月16日(清光绪十年十月二十九日),72岁高龄的左宗棠奉旨以钦差大臣名义督办海峡两岸战事,抵达福州后不到两天,就上了一道参劾:臣始知八月十三日基隆之战,官兵已获胜仗。因刘铭传营务处知府李彤恩带兵驻扎沪尾,平日以提督孙开华诸军不能战,是夕三次飞书告急,坚称"法人明日来攻沪尾,兵单将弱,万不可靠";刘铭传为其所动,遽拔大队往援,而基隆遂不可复。曹志忠所部及台北之营将领均愿告奋勇往攻基隆,因刘铭传"不许孟浪用兵"之语,即亦不敢所攻;刘铭传始则为李彤恩所误,既又坐守台北,不图进取,皆机之坐失者也。恭绎电旨,刘铭传仍应激励兵勇,收复基隆,不得懦怯株守。臣思刘铭传之懦怯株守,或一时任用非人,运筹未协所致。李彤恩不审敌情,虚词谣惑,基隆久陷,厥惟罪魁。拟请旨将知府李彤恩即行革职,递解回籍,不准逗留台湾,以肃军政。

左宗棠驻扎福州,上任才不到两天,他又是根据什么人的报告,上了这道参劾的呢?

原来这是左宗棠旧部、台湾道刘璈和朱守谟,特别是朱守谟拨弄和诬陷的结果。说起朱守谟，他还是刘铭传从上海带到台湾134个骨干中的一个文员。公元1884年7月，刘铭传由京渡台，道经上海，仓促动身，文武随员特别是文员甚少。恰好有一个叫朱守谟的人前来恳求随爵帅赴台。刘铭传见他是一个记名道员，又是安徽人，能言善谈，笔下也不错，就同意带他到台湾，成全他战后把记名除掉，换成实授的心愿。到台湾后，刘铭传对朱守谟颇为重用。公元1884年8月5日法军攻打基隆炮台，刘铭传赴前线指挥战事，就把台北府城交给朱，委任他为大营总管，负责处理营务，转运军饷，可以代拆代行，月薪定为每月150两白银。谁知朱守谟官气甚深，性好奢侈，挥金如土，未到一月，就向刘铭传报告说，依他现在的职位，薪俸需要重新定夺，改成月薪300两。刘铭传说："守谟呀，台湾遭到封锁，军费十分匮乏，月薪再增加50两，定为200两行不行？"朱守谟讨价还价道："如果月薪200两，那我经手的一切，不能限制，必须实报实销。"刘铭传这才看清了朱守谟的为人，脸色沉了下来，以劝勉的口吻说："守谟，你看看人家李彤恩，他也在营务处做事，还归你管。人家'勇于任事'、'办事认真'，做了那么多工作，却'坚辞薪水'，哪像你如此斤斤计较？我刘铭传再宽容，也不会把逛妓院、吃花酒的钱来实报实销吧！"见刘铭传揭了他的老底，又盛赞了李彤恩，朱守谟恼羞成怒，阴着脸说："那好，我请假回家。"他以为战事繁忙，营务处缺少不了他，就以请假来要挟刘。刘铭传沉思了一会儿，大声说："来人，将方策勋方大人请来！"方策勋何许人也？刘铭传请方策勋来干什么？

　　亲兵不一会儿就将方策勋请进大营。这方策勋原是河南省的知府，出于爱国激情，冒险渡台，投奔爵帅。刘铭传当着方策勋和朱守谟的面说："方大人，朱守谟要请假归家。这台北府城大营的总管现在就由你接任，限你2个小时以内与朱守谟办理好交接事宜。好！送客。"

　　走出大营的朱守谟见要挟不成，反被刘铭传就地免职，心中的怨恨如巨涛一般。一腔怒火难以向刘铭传发泄，于是就发泄到李彤恩这个被刘铭传赞为"奇才"的身上。怨恨心、嫉妒心的膨胀，使他不惜采取造谣和诬陷的卑鄙伎俩，险些破坏了抗法保台的全局。

　　事情是围绕"撤基援沪"一事发生的。当刘铭传于公元1884年

10月1日夜下令从基隆撤军后，朱守谟跳了出来。他和几个狐朋狗友在台北府城以及附近的地方公开造谣："基隆未败忽退，皆李彤恩得银数十万，卖于法人。"这个谣言一传出，立刻引起基隆和台北府城绅民"大哗噪"。他们纷纷说："刘爵帅眼睛瞎了，用了这么一个大汉奸。"还有的说："李彤恩得银数十万，分给刘铭传一半，所以让出基隆。必须和他理论理论。"于是，数千名具有爱国激情却不明真相的绅民聚集到板加这个通向台北府城的要道口。一等刘铭传大轿出现，他们就群情汹汹地拥了上去。朱守谟躲在暗处阴阴地笑着。他的几个狐朋狗友甚至把刘铭传从轿内拽出来。刘铭传此刻头脑十分清醒，不许亲兵弹压，也没有捉拿朱守谟予以惩办。因为他知道此时稍有差错，激起内乱，全台立刻会落入法国侵略者之手。等到沪尾大捷的捷报在全台传开来之后，不明真相的绅民才恍然大悟："不撤基隆，沪尾必陷；沪尾不保，台北必失。"一些绅民还痛心地自责："爱国、爱台，头脑不清，就会害国、害台！"昔日的浮言流语消失殆尽。人们开始想起那个昔日爵帅大营总管朱守谟。这个鼓舌如簧、造谣生事的人到哪里去了呢？

朱守谟知道自己黔驴技穷，急忙从台北逃走，绕道台南，找到台湾道刘璈。他知道刘璈与刘铭传不和，而且嫌隙颇深。有必要介绍一下刘璈这个人。刘璈，字兰洲，湖南岳阳人，以附生从军，大学士左宗棠治师新疆时被引为幕僚，参与军事献策和研讨，有较为精辟的见解，十分得左宗棠的欣赏，曾为收复新疆做过贡献。新疆收复后，刘璈因功被推荐为道员。公元1881年，台湾道出缺，左宗棠力荐刘璈担任，并给他加了一个按察使衔，以主管一省司法长官的名义，分巡台湾道。由于加了这个衔，刘璈不仅能管辖台南，而且也能管辖台北，可以说成了当时台湾的一把手。刘璈勇于任事，不避艰巨，整饬吏治，振作文风，为台湾地方事业出力颇多。未料刘铭传加巡抚衔督办台湾事务，刘璈的地位一下子跌落下来，由一把手变成二把手。全台的大事今后要听刘铭传的了，这让心气甚高的他很不愉快。不愉快也罢，能在战时和衷共济，顾全抗法保台大局，也不失为一个识大体者。但刘璈反其道而行之，处处给刘铭传设难题，使绊子。他出了什么难题，设了什么绊子呢？

他设了四个绊子。一是刘铭传督办台湾事务时，曾劝台湾地方人士募白金助他,事未成,只好请朝廷援助。刘璈不顾台北缺饷的实情,上折给朝廷说,台湾绅民已捐金200万,各项军械不缺;又密呈左宗棠及福建巡抚断绝对台北援助,搞得刘铭传捉襟见肘,陷入叫天天不应、叫地地不灵的地步。

二是刘璈的台湾道道府两库有库存银150万两,刘铭传下令拨50万两,以接济前方将士,刘璈起初拒不承命,后来被迫解银34万两。银两虽然后来拨出,但一不足额,二在交涉中伤了情感。

三是在战争激烈时,刘铭传因台湾被封锁,急切中筹银不多,只好规定40天关一个月的饷金,以后再补齐。刘璈见台北无饷,不仅不接济,反而下文通知,凡台北湘军各营,官兵均发全饷,由台湾道支付。这引起台北淮军各营"噪饷",险些演成自身"溃乱"的局面。

四是法军开始禁海时,商船尚未禁止,故还能互通声息,运送物资军饷和人员。刘璈见如此尚不能将刘铭传的马脚整断,就私自告诉外国人说法国禁令松弛。记者们一下子捅了出去,结果法军严海禁,搜索抢劫商船,祖国大陆对台湾的支援一度中断。

刘铭传"撤基援沪"后,刘璈认为这是一个扳倒刘铭传的大好机会。扳倒他,自己可以重新当上台湾的一把手。而这个愿望伴随恩师左宗棠的到来,终于可以变成现实。所以,当朱守谟到达台南时,刘璈大喜,不仅盛情招待他,而且还给以重金酬谢。刘璈对朱说:"朱大人,恩师左大学士已到福州,我写信,请你务必转交到恩师那里。信中我已将情况说得很清楚了,不够的话,你再补充。"于是左宗棠的参劾也就出笼了。

左宗棠参劾李彤恩,目的是参倒刘铭传。时人说:"撼李即以撼刘",这是一语中的的。因为,在参劾李彤恩后,左宗棠又把矛头直指刘铭传,认为刘犯下"失地辱国"、"不图进取"、"坐失机宜"等罪,"其罪远过于徐延旭、唐炯"。徐、唐在越南战场失地遁逃,被革职拿问,解京入狱,判斩监候。依此,刘铭传也要解京入狱,立即斩首。这是左宗棠和刘璈都乐观其成的事情。从左氏的参劾中,我们可以看到他对刘铭传充满仇恨。这其中的原因何在? 除在战略战术思想上有严重分歧以外,还有另外两个原因。一是个人恩怨。左宗棠仇恨刘铭传有历史上的原因。早在公元1867年(清同治六年),刘铭传与鲍超在攻捻的尹隆河战役中产生纠纷。搭救了刘铭传的湘系将领鲍超反而受到谴责和处分。湘淮两系为此事展开激烈的争吵,左宗棠也对此事记忆犹新。同时在公元 1871 年 6 月 11 日(清同治十年四月十四日),刘铭传曾奉西太后和同治帝的密旨,密奏了左宗棠剿回虚报大捷。事后被左氏获悉,乃视刘铭传为仇雠。由昔日怨恨到现实仇恨,就成为左氏参劾刘铭传的原因之一。二是湘淮畛域的严重。左氏参劾的内容,均出自于湘系的台湾道刘璈及依附湘系的朱守谟之口。参劾时间是左氏到福州上任后的第二天。这本身就说明他在这个问题上的有欠慎重。刘璈是左宗棠的门生。中法战争爆发,刘铭传主持台湾军务,但刘璈却遇事从不与刘铭传商议,径直同左宗棠联系。左氏在给清廷的奏折中,又每每援据刘璈的禀呈,清廷对左宗棠的这种畛域之举有所察觉,曾在公元 1884 年 11 月 27 日提醒他:"著该大臣饬令刘璈,随事禀承刘铭传,妥为办理,共奏肤功,不得稍有畛域之见。"但左宗棠对此毫不理会,刘璈也自恃有左氏为后台,根本不把台湾一把手刘铭传放在眼里,拒不接受刘氏的调遣。

好在清廷还没有糊涂至极,只同意处理李彤恩,对左氏处理刘铭传的参劾则指出:"刘铭传仓促赴台,兵单饷绌,虽失基隆,尚能勉支危局,功罪自不相掩。该大臣辄谓其罪远过于徐延旭、唐炯,实属意存周内,拟不于论。左宗棠着传旨申饬,原折掷还!"

当上谕及左宗棠参劾全文传到刘铭传手中时,他正在基隆山地与法军展开拉锯战。刘氏当即气愤填膺,连呼:"活天冤枉! 活天冤枉! 李彤恩遭到活天冤枉!"大营内的师爷们说:"爵帅,看来朝廷对你还是不错的。左大学士参劾你,受到严正警告处分,还把原折掷还,搞得很没有面子。关于李彤恩嘛,上谕已经下达,局面也已形成,几千年冤死鬼成千上万,我们又能怎么办?""不,我刘铭传就是不信这个邪!"刘铭传是怎么不信这个邪的? 他都做了些什么?

他叫师爷们备好笔墨纸砚,他要亲自给皇上写折以明是非。师爷们说:"爵帅,还是你口授,我们来写吧。"刘铭传答道:"战场上的事,你们在后方不太明了,还是由我来写,你们润色一下。"从当晚到第二天凌晨,一份洋洋万言、名叫《复陈台北情形请旨查办李彤恩一案以明是非折》终于完成。在这份奏折中,刘铭传对左宗棠的九点责难,一一据实反驳:

一是所谓基隆各营、数目盈万事。刘铭传指出：基隆、沪尾两处，只有他随带亲兵120人。湘军孙开华、曹志忠所部9营，每营精壮只300人，计2700人。从台南间章高元部调来两营，因兵丁遭受时疫，仅来了500人。后又添调巡缉营一营，含其族孙刘朝祐所部百余人，张李成土勇一营500人，共计4000余人。左宗棠所说两处兵丁数目盈万不是事实。

二是李彤恩虚词谣惑事。刘铭传指出，他早就与孙开华、李彤恩约好，如果敌犯沪尾，他就撤基隆之守来援。当法舰进攻沪尾时，孙开华、刘朝祐、李彤恩按照事先成约，各书函一次报告军情。孙开华是左氏的部下，他可以据实作证，因此左宗棠所说李彤恩一人三次飞书告急不是事实。

三是从基隆撤退事。刘铭传指出，"撤基援沪"是他早已成竹在胸的军事部署，并事先与湘军将领曹志忠商量过，所以在撤退前将两尊40磅大炮埋于山下，其余军装、锅帐以及伤病勇丁毫无遗弃，然后有秩序地撤出。曹志忠是左宗棠的部下，他可以据实作证，因此，左宗棠所说李彤恩三次飞书告急，促使刘铭传仓促拔队退回，不是事实。

四是撤退基隆利弊事。刘铭传指出，撤出基隆，法军大部分人登岸驻营，达到了分其势力的目的，使进攻沪尾之敌不足千人，遂有沪尾大捷。如果不撤出基隆，敌必倾其全力进攻沪尾，则台北无兵往援，众寡悬殊，怎能保其不失？左宗棠所说不撤基隆，沪尾也可不失，是事后的主观想象。

五是沪尾大捷归功于谁事。刘铭传指出，左宗棠前据刘璈密报，奏称湘军孙开华，淮勇章高元、刘朝祐部以及土勇三路迎战获胜。这次参劾中又说是孙开华一人之功。两次说法不一。这不仅反映出他对台事不加访察，而且前后自相矛盾。

六是各将领以及土著愿告奋勇进攻基隆事。刘铭传指出，沪尾大捷"以李彤恩所募张李成土勇得力"。各营将领是有请求添募土勇事，他也予以同意。当时朱守谟没有离台，也倡言多招土勇，并私下允许一个名叫陈华的人招募了1500人，声言包取基隆，但每月每人需银洋12元，比别的营兵土勇多8元。刘铭传召见后，发现均是一些地痞流氓，而且毫无器械，知道无成功之望，就提出如能包克基隆,立马赏银 2 万两,先发 10 月口粮,奔赴前方。结果他们毫无建树,反而对老百姓"多滋扰"。左宗棠所说愿告奋勇攻基隆的土著就是这些人。

七是陈星聚催攻基隆事。刘铭传指出,台北知府陈星聚催攻基隆实有其事。由于他年近七十,不谙军备,又不顾当时军染时疫、病倒大半的实际。刘铭传曾手批百余言,告以不能遽进的道理。但陈私下怂恿曹志忠率湘军 6 营攻基隆,结果因仰攻失利,大败而归。自此,他自言不谙军务,不再妄言。左宗棠所说陈星聚屡屡催攻基隆事,只是一面之词。

八是刘铭传坐守台北、不图进取、机宜坐失事。刘铭传指出,他的战略战术思想与"隔海臆度"的左宗棠等权臣文士不同。他之所以撤出基隆,在山地与法军开战,是因为"我之所恃者山险,敌之所恃者器利。彼来攻我,我得其长;我往攻彼,彼得其长。且敌营据山傍海,兵舰聚泊其下,若不能逐其兵舰出口,纵穷陆师之力,攻亦徒攻,克犹不克"。他还自信地说:"臣治军三十余年,于战守机宜稍有阅历,惟事事求实,不惯铺张粉饰。若空言大话,纵可欺罔朝廷于一时,能不贻笑中外,臣实耻之。"因此,他不客气地批评左氏等权臣文人无须隔海臆度,其中"动止机宜",他自会掌握。

九是李彤恩事。刘铭传指出,他与李彤恩素昧平生,认识他是湘军提督孙开华介绍的。在抗法保台战争中,他发现李彤恩的确有才干,抗敌立场又异常坚决,曾办成填塞海口的交涉事务,招募的张李成土勇在沪尾一战中包抄得力,"官绅共闻"。李彤恩又与陈霞林一起向城乡殷户借来 20 余万元,保证了抗法保台经费的急需,论理应予恩赏,而左宗棠到福州刚刚一天,不加访察,就听信刘璈和朱守谟的挟嫌倾陷、颠倒是非之言,轻率地予以参劾。他为左氏的轻率和轻信感到难过和羞耻。

在奏折的末尾,刘铭传强硬地表示:

一、对这个颠倒黑白的参劾,他不能保持缄默,使出力有功有才之人遭此不白之冤,请朝廷快快收回这个是非不明的上谕,立即将已革浙江候补知府李彤恩开复原官,免予究办。

二、请朝廷派大员到台逐细访查,如果左宗棠所参劾的九件事有一件是属实的,那么,请朝廷将他与李彤恩一并治罪,"以明国法而昭公允"。

与此同时，刘铭传还于公元 1885 年 2 月，呈片参劾了挟嫌倾陷、拨弄造谣、贪赃枉法的朱守谟。这一折一片，依据事实，掷地有声，使清廷和左宗棠十分难堪。清廷经过近一个月的考虑和权衡，才于这年 3 月 23 日发布上谕，主要内容有二：

一是刘铭传的奏参"与左宗棠前奏大相径庭，必须彻底查明，以昭是非之公"。

二是李彤恩交前陕甘总督杨岳斌查办。朱守谟也由杨岳斌带到台湾，"并入前案研究"。

不久，杨岳斌和钦差大臣、刑部尚书锡珍先后来台调查。刘铭传又于公元 1885 年 7 月 8 日上《严劾刘璈折》，参劾他十九款，即小罪五项，大罪四项，不法罪十项，向左宗棠步步进逼，一时对清廷震动很大。这样，自李彤恩案后，又由朱守谟案生出刘璈案，真是一波未平，一波又起。

杨岳斌和锡珍到台调查后，深感棘手。因案件涉及朝廷和权臣左宗棠的脸面问题。而中国的皇帝和大臣们一向是把面子摆在第一位的。即使错了，也要照顾一下他们的面子，杨岳斌和锡珍回京后向军机处汇报了真情。军机大臣们商议来商议去，觉得有一个办法太好太妙。这个太好太妙的办法是个什么办法呢？

他们认为，干脆把台湾的一切是非争论归于李彤恩和朱守谟之间的不和。对朱守谟处理重一点，因为此人太坏，给他的处分是"着即行革职，永不叙用"，以后在官场上是不准朱氏来混了。对李彤恩处理仍然要维持，这关系到朝廷和左宗棠的脸面。不过可以处理轻点，由"着即行革职，递解回籍"改为"着即驱逐回籍，不准逗留台湾"。官职保留了，但地点有变，台湾不准逗留，你回原籍去谋求发展吧。至于刘璈由于罪证确凿，清廷对他的处分较为严重："革职，籍没家产"，拟斩监候，不久改为流放黑龙江，后病死在那里。处分决定下来后，刘铭传仍然不服，认为对李彤恩这个"奇才"处理不公。他说，"臣德望浅薄，不洽同僚，累及无辜，实深惭歉"，也就是说因为他刘铭传与同僚的关系不好，连累了无辜的李彤恩，请求朝廷对李氏要有一个新的说法，新的处理。朝廷没有理睬刘铭传的茬，于是他作出了一个大胆的举动，震惊了朝廷。这个大胆的举动是什么举动呢？

这个大胆的举动就是上折要求清廷开去他福建巡抚缺并撤销督办的差事，以便他回家养病。未经批准，他就消极地不视事达半年。

朝廷和军机大臣获知后十分恼火。一些人骂道："这个刘麻子，为一个身卑官微的李彤恩竟如此较真，实在让人难堪，太不随和了。"了解刘铭传的大臣笑道："诸位，作部下的有如此领导，又有如此维护，能不刻骨铭心、勇于任劳吗？"

这时，左宗棠已因李彤恩、朱守谟、刘璈三案心力交瘁，加上年老体弱耐不住气愤和辛劳，于公元1885年9月在福州逝世，享年73岁。刘铭传见压在李彤恩头上的山已崩塌，即在公元1886年4月上《奏留李彤恩片》，力请已被驱逐回乡的李彤恩重新赴台。他向朝廷说："查李彤恩自同治元年来台，至今二十余年，历办通商事务，遇有中外交涉大端，无不立时完结。其才识敏断，勇于任劳，台北绅民钦服。目前，淡水一带发生民教之争，同时以往李氏经办的捐输事'殊多棘手'，署理台北府知府刘勋、绅士广东候补道陈霞林等屡次请求函召李彤恩回台。而我个人认为，在台湾唯李彤恩所办通商矿磺，非熟悉洋务之员不能接办。数月以来，无人可委。思维再四，惟有仰恳天恩，仍将李彤恩留台差遣，办理通商并矿磺诸事，以免废弛。"清廷被刘铭传拗逼不过，又见刘璈的后台老板左宗棠已死，就落了个顺水推舟，于公元1886年4月20日（清光绪十二年三月十七日）下旨："着照所请。钦此。"刘铭传这才露出了笑脸，向清廷报告他要开始视事了，也就是说要管事了。他所管的头等大事是什么事？欲知后事如何，请看下集：《筹划建省》。

十 筹划建省

　　上集我们说到刘铭传力保李彤恩重新回台湾工作,终于获得清廷批准,这才露出笑容,打报告说他要视事了,也就是说他要上班管事了。

　　实际上他早就在暗中管事了,管理的是台湾的头等大事——筹划建省。台湾在公元 1683 年也就是清康熙二十二年收回国有后,就设立一府三县,隶属福建省管辖。公元 1737 年也就是清乾隆二年,内阁学士兼礼部侍郎即相当于现在的教育部副部长吴金,曾向皇帝建言在台湾建省,没有获得批准。以后随着新区的开垦和扩展,到刘铭传抵达台湾时,这块宝岛地区已有"二府八县四厅":即台北府,下有淡水、宜兰、新竹 3 县和基隆 1 厅;台湾府,下有台湾、凤山、嘉义、彰化、恒春 5 县及澎湖、卑南、埔里社 3 厅。

　　虽然府县厅有所增加,但两百年来,清廷对它基本上很少过问,只要不出乱子就行了,这个政策就叫做"为防台湾而治台"。在这个政策下,台湾的政治、军事、经济、文化、教育等方面都无太大的拓展,成为全中国最落后的地区。公元 1874 年(清同治十三年),日本人以公元 1871 年琉球国船民在台湾遇难为借口,发兵侵略台湾,占据了台南的牡丹社,最后拿了清王朝 50 万两白银才不情愿地撤出。10 年后的公元 1884 年(清光绪十年),法国人又侵略台湾。这两大刺激和挑战,使清王朝深感遇上了"数千年未有之强敌"和"数千年未有之变局"。因此,如何确保台湾主权免受外国人侵夺,便自然而然地摆在议事日程上。过去的"内治"方略迅速转向"御侮",也就是向着防御外国欺负方面转化。台湾建省就是体现这种方略的头等重要的措施。

公元 1885 年 10 月 12 日也就是光绪十一年九月初五日，光绪皇帝的生父、军机处领军人物奕譞上朝奏事了。他怀里揣着两份文件。一份是左宗棠临去世前给朝廷的奏折。奏折名叫《请旨改福建巡抚为台湾巡抚折》。在这份奏折中，这位 73 岁的老人赞扬了户部侍郎袁保恒早先的建议，力请清廷快"将福建巡抚改为台湾巡抚，所有台、澎一切应办事宜，概归该抚经理，庶事有专责，于台防善后大有裨益"。令奕譞更加感动的是，老左宗棠为坚定清廷降旨在台建省的信心和决心，还陈述了台岛建省的三个可行性：一是"台虽系岛屿，绵亘一千余里，旧制设官之地，只海滨三分之一"，其疆域之大，足可建省；二是台湾"每年物产关税，较之广西贵州等省，有盈无绌"，其经济实力，足可建省；三是台湾"抚番之政，果能切实推行，自然之利，不为因循废弃，居然海外一大都会"，其开发潜力之大，足可建省。奕譞同刘铭传关系挺铁，在左刘之争中，投了刘铭传一票，使刘铭传最后露出笑脸。但他处事还是很公允，左氏奏折上过不久即逝世，他就感慨地说道："这是千古绝唱啊！"另一份文件是他和庆亲王奕劻、大学士世铎、额仰和布、阎敬铭、张之万和北洋通商大臣李鸿章共同起草的。

50 岁的慈禧太后带着 14 岁的光绪皇帝坐在朝上。她问自己的妹夫奕譞："今儿个，你们有什么事要上奏啊？"奕譞连忙掏出那份奏折，朗朗读了起来。

"臣等查台湾为南洋枢要，延袤千余里，民物繁富。通商以后，今昔情形，迥然不同，宜有大员驻扎控制。若以福建巡抚改为台湾巡抚，以专责成，似属相宜，恭候钦定。如蒙谕允，所有一切事宜，应由该督抚详细酌议，奏明办理。"

慈禧听后，就问："皇帝啊，你什么看法啊！"光绪皇帝当即答道："皇阿爸，我意是下诏同意，而且时间要快，免得生出枝节。"慈禧笑了一下，说："皇帝有出息了，我也是这个意思。今儿个，我们就当廷写好诏旨。"于是，一道谕旨当场写好，并以 800 里快马邮递发往福建和台湾。谕旨说道："台湾为南洋门户，关系紧要，自应因时变通，以资控制。将福建巡抚改为台湾巡抚，常川驻扎。福建巡抚事，即使闽浙总督兼管,所有一切事宜,该督抚详细筹议,奏明办理。"台湾自此和福建分开,正式成为祖国的一个省份,而刘铭传则被委以首任台湾巡抚。谁知刘铭传接到上谕后却表示了不同的意见。他有什么不同的意见?又为什么有这种不同的意见呢?

刘铭传认为建省条件还不成熟,请求从缓三五年后建省。他的理由有四点:

一是台湾地区全年收入仅 90 万两白银,而台湾军队每年饷银就需要 150 万两,只有等三五年时间开辟财源后,使台湾"财堪自立",方可建省。

二是台湾"汉番杂处",存在着很多高山族番社。由于长期以来台湾地方官府没有做好"抚番"工作,致使"台番不相统属",只有等三五年搞好这方面事务后,方可建省。

三是台湾虽设行省,但全依仗闽疆为根本,必须与福建连成一气,如甘肃新疆省之例,才能内外相维。

四是台湾的海防、陆防事务落后,现正在加紧设防,三五年后才能看出成效,到时建省不迟。

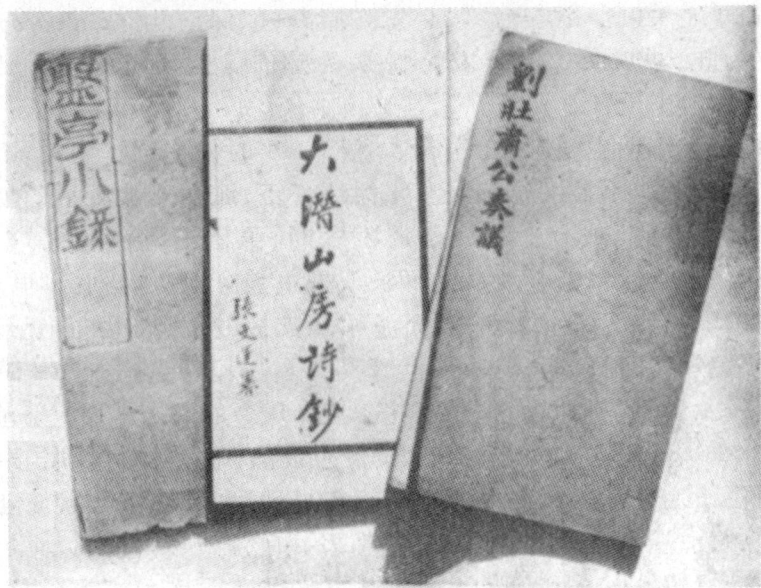

刘铭传著述

应该说刘铭传的见解是符合实际的，其中第四点理由被他认为是台湾建省"最重最急之需"的事情，不办好，难以"御外侮"。但清廷这回没有迁就刘铭传，下旨要他"着毋庸议"，就是说，刘铭传你不要再废话了。但对他"御外侮"事却大加称赞。设防御侮，是刘铭传在声言"不视事"时暗中所管的事情，他一天也没有放松过。

还在李彤恩被"递解"回籍时，刘铭传就握着他的手说："彤恩，你受我牵累，被朝廷递解回籍，台湾可以没有我刘铭传，但却不能没有你李彤恩。现在我把我的族孙记名提督刘朝干交给你。你们两人马上去欧美，购置最先进的大炮来。"

李彤恩得令后即和刘朝干马不停蹄地来到英国，购置了当时世界上最先进的阿马士顿后膛炮31尊。当消息传来时，向朝廷说"不视事"的刘铭传当即叫人在台湾各海口用铁水泥砌筑了10座新式炮台，其中澎湖4座，基隆和沪尾各两座，台南旗后处原有一座炮台，又在大坪山和安平各添一座新式炮台。显然，澎湖的设防是刘铭传心中的大事。用刘铭传的话来说，"台湾为东南七省门户，各国无不垂涎，一有衅端，辄欲攘为根据"，而澎湖又"为全台之门户，亦为南北洋之关键。欲守台湾，必先守澎湖，欲保南北洋，亦必先保澎湖"。为此，他叫亲兵传吴宏洛快来爵帅府。这吴宏洛是什么人？刘铭传喊他来干什么？

吴宏洛字瑞生，安徽肥西人，本姓刘，小时候抱给了舅舅家做养子，改姓吴。他原来隶属于淮军张树珊部下，张树珊战死后，他就跟随刘铭传南征北战。中法战争爆发之时，吴宏洛率部驻守广东虎门，职位是副将，相当于现在的师长或副军长。他听说刘爵帅"督师台湾，兵单援绝"，希望广东方面派军队支援的消息，就向上级领导报告，愿率部队到台湾，结果被上级臭骂了一顿。于是，他一不做二不休，辞去了广东方面的师长职务，带着几个心腹，雇了一条渔船，身着短衣，脚穿草鞋，伪装成小商人，冲破法国军舰的封锁，顶住台海的滔天巨浪，冒死来到台湾。刘铭传见他到来，一下子迎了上去，握着他的手哽咽着说："瑞生呀瑞生，你和已故的刘盛藻、唐殿魁当年是我手下的'万人敌'呀。我没想到此生还能在台湾见到你。你看看，你何其憔悴？"说完，刘铭传把身上的衣服脱下来披在吴宏洛的身上。吴宏洛流着眼泪说："台湾有难，瑞生我心中不安；瑞生深感爵帅的知遇之恩,愿冒死相报。"刘铭传当即叫他募集 5 营兵马,名字就叫"宏字五营",并奏请朝廷批准,派吴宏洛"总统全台各军"。

这次刘铭传叫亲兵传令吴宏洛来,是和他谈澎湖设防事。他告诉吴宏洛:从现在开始,你的级别就由副将级升为总兵,也就是军长了,驻扎澎湖,称澎湖镇总兵。任务有三个:一是在澎湖妈祖宫处凭海依山建筑城堰,并砌筑 4 座炮台;二是在各炮台上安置 17 尊阿马士顿新式火炮;三是台湾当时唯一的兵舰"海镜"号拨给你,希望加紧训练,迅速提高"水师宏字三营"的作战水平。刘铭传还告诉他,朝廷已设立了海军事务衙门,醇亲王奕譞担任海军事务大臣。他已向朝廷建言:"中国海面辽阔,在在须防,请划水师为三路:北洋设于津沽,兼顾奉东各口;中洋设于吴淞,兼顾浙江定(海)镇(海);南洋设于台澎,兼顾广东琼(州)廉(州)。"将来澎湖水师的责任十分重大和艰巨。吴宏洛见爵帅的思路如此开阔,目标如此宏伟,也不禁激动异常,得令后很快就把澎湖建成为一座坚强的堡垒。

这期间,刘铭传还在台北府城北门外建造了一座军械机器局,下设军械所、机器厂、火药局和水雷局,任命族孙记名提督刘朝干为总办,聘请了德国人彼德兰为工程师。又在台北设立营务总处,台中、台南两路设营务处。下令一律以欧洲方式整顿和训练军队。军队后勤方面也实行了改革。推行三种制度:一是免费医疗制,二是抚恤制,三是存饷制。存饷制,即各营官兵每月发饷,依例扣存 5 天的薪水,等满 3 年后发还,作为假期回乡探亲的费用。在台北设团练总局,正式委任林维源为团练大臣,各府、县、厅设分局,各乡设团。规定团练平时维持治安,战时协助官军御敌。史载,在刘铭传声言"不视事"的半年之内,"台湾海防于是渐备"。

值得提出的是,在筹设海防时,刘铭传把重点摆在台北地区,尤其是沪尾、基隆和台北府城这三个地方。正如德国史学家路德维希·里斯在他的《台湾岛史》上所说:刘铭传"是要用最新式的工业迅速提高台湾北部的地位"。这究竟是什么原因呢?

原因有四个:第一,法国选择基隆、沪尾进攻台湾,刘铭传督师全台,主要精力放在台北,并就地建立了一些军事设施如水雷营、水雷局、火药局、军械所等,法兵撤退后,理所当然地继续这些暂未完成的事业。第二,台北基隆一带盛产煤炭,淡水火山汇地区素产硫磺,这些都是军事设施必不可少的原料,就地兴办工业颇为方便。第三,台北、台中与台南一带相比,开发时间相对晚些,各种问题尤其是高山族土著居民问题较为严重。为促使土著居民早日跟上较为先进的汉族经济文化,为杜绝外敌入侵之际不生"内乱",有必要把建设重点放在台北。更为重要的是第四点,刘铭传早就看出毗邻台北的日本国有入侵台岛的野心。早在赋闲期间,他就从报纸上和赴日、赴台经商人士口中知道,经过明治维新后的日本野心勃勃,吞并台湾岛并以它作为跳板进犯祖国大陆已成为日本国的国策。所以在赴台前,他曾对老上级李鸿章说:法军不可怕,我真正担心的是日本。在给同僚及亲朋好友的信中,他也多次表示:"日本终为台湾之患。"就是这样一个经常忧虑日本为患的刘铭传,在筹划建省时,突然请了一个名叫仓信敦的日本人担任他的政治顾问。手下人大惑不解,不知爵帅心里是怎么想的。

这仓信敦是日本的名士,对本国的政治、经济、军事、文化、教育、风俗诸方面的情况无所不知,还能下得一手好围棋。刘铭传以高薪聘请他来作自己的顾问,"不令与军事,暇辄对弈以询其政俗"。不让他过问台湾的军计大事,而是通过下棋时的谈话,了解日本国大量政治、军事、经济和风俗方面的信息,以便对症下药,做好防备。在视察基隆炮台时,刘铭传登上了基隆山,用望远镜东望日本国于公元1875年占领的琉球群岛,不禁对身边的人慨叹道:"诸位,那远处葱葱郁郁的地方,不是日本三岛吗?假如我们现在不努力筹划好、治理好台湾省,我们将会成为他们的俘虏呀!"公元1888年,慈禧太后挪用海军经费维修她的安乐宫颐和园,中断了中国海军和台湾水师的建设;特别是他的那极有远见的建立北、中、南三洋水师的建议,被清廷以南、北洋已设海军和经费困难为由不予采纳的消息传来时,刘铭传不禁跺脚叹道:"日本国正日夜图谋我们,而朝廷却自己戳穿自己的屏障。这叫自毁长城!自毁长城呀!"

清王朝也知道刘铭传暗中管事,声言"不视事"是为李彤恩一事将朝廷的军,现在准许李彤恩回台工作,刘铭传打报告说要上班管事了,就下旨叫闽浙总督杨昌濬到台湾去,一来探望一下刘铭传,二来与刘铭传商议一下台湾建省的具体事情。让杨昌濬大吃一惊的是,不等他的话说完,刘铭传就呈上早已起草好的两份文件。

第一份文件是《遵议台湾建省事宜折》。细心务实的刘铭传在折中提出了十六条建议。主要内容是:照甘肃、新疆之例,台湾改设行省必须与福建省联成一气,巡抚的名称应为"福建台湾巡抚";学政即教育厅厅长不要从大陆派老夫子来担任了,就由他这个福建台湾巡抚兼任,以便及时选拔新式人才;台湾的旗后、沪尾两海关,应仿照浙江新制度,由原先满族人福州将军管辖改为福建台湾巡抚就近监管,如此财源不会从台湾流走;澎湖镇和海坛镇对调,设置总兵,以重南洋海防;添设藩司、布库大使及司狱各一名,掌管台湾的财政、吏政、建设和刑法;重新部署台湾的行政区划;台湾是新设的省份,官吏的任命,应删除大陆内的旧例,不论学历,不论资格,注重才干,注重实绩,超过三年即准许返归内地,调补优缺。

第二份是《筹议改设台湾郡县疏》。新的行政区划改革方案以"恃险与势、分治之道、贵均而平,且防务为治台要领"为原则。在原有基础上,将全台湾分为南、中、北及后山四路。中路台湾府为首府,将来省巡抚衙门设在此处。具体地点是彰化县桥孜图这个地方。该处"山环水复,中开平原,气象宏敞,又当全台适中之地"。在未建设好前暂设在台北府城。台湾府新设台湾、云林、苗栗 3 县,与原有的彰化县和埔里社厅,共领 4 县 1 厅。南路改原台湾府为台南府,台湾县改名安平县,含嘉义、凤山、恒春 3 县及澎湖厅,领 4 县 1 厅。北路仍为台北府,下辖淡水、新竹、宜兰 3 县和基隆 1 厅,领 3 县 1 厅。鉴于"基隆为台北第一门户,通商建埠,交涉纷繁。现值开采煤矿,修造铁路,商民麇集,尤赖抚绥",特将淡水县东北 4 堡之地撤归基隆管辖,并将原通判级升为抚民理番同知级。由正六品提为正五品,相当于现在的副市级,其目的是"重事权"。后山一路,将原属台北府领辖的卑南厅升格为台东直隶州,辖卑南和花莲港 2 厅。全台合计 3 府 1 州 11 县 5 厅。公元 1894 年,台湾又添设南雅厅,由台北府领辖。至此,台湾全岛的政治、经济、文化中心初步确立,也奠定了今日台湾地方行政区划的基础。

杨昌濬不由得生出敬意,他笑着说:"好一个不视事的刘大人。这半年中,你暗中捣鼓了这么多东西。好,好,好,这一折一疏,我俩联名上奏朝廷。"朝廷很快就批准了他们的报告,并在公元 1887 年

10 月（清光绪十三年八月）将新改制的"福建台湾巡抚"关防及添铸的布政使、布库大使、按司狱 3 颗新印运到台湾。新任布库大使沈锡荣向刘爵帅报告：在护送关防和新印到台北府城爵帅大营时，他们受到了"生番"也就是未归化的高山族土著居民的袭击，差点丢掉了关防和新印。刘铭传皱起了眉头，大声说：必须解决好"生番"问题。刘铭传是如何看待这一问题的呢？又是怎样解决这个问题的，欲知后事如何，请看下集：《巩固统一》。

十一 巩固统一

上集我们说到布库大使沈锡荣向刘帅报告,台湾"生番"曾袭击护印使团。刘铭传表示要下决心解决这个问题。

有必要简单介绍一下高山族土著居民问题。台湾长期以来就是汉族和高山族杂居的地方。高山族分为泰雅、夏赛、布农、曹(包括邵)、鲁凯、排湾、卑南、阿美、雅美等9族。其中大多数人都深居内山,与汉族人不相往来和杂居,也不通汉族语言。这就被清代的史书称为"生番"。"生番"有一风俗,喜欢"抬郎"即杀人,谁家屋前挂的骷髅头多,谁就被视为英雄。与此相反的"熟番",居住在平地,故又称"平埔番"。他们与汉人交往较多,也不"抬郎",服从当地官府统一治理并纳课服役。不管是"生番"还是"熟番",统称为"高山族",都是中华民族的后裔,同为中国大家庭中的一员。

但是在相当长的时间内,清政府实行一种"省事为为政之要,诿事为便己之方"的消极政策,对在深山内结社而居的"生番"部落,以"世隶化外,罔知法度"为理由,采取不管不问或痛剿杀戮的方针。而对"熟番"则搞大汉族主义政策,百般压迫和欺凌,迫使他们重新逃进深山,变成"生番"。这种方针给外国侵略者钻了空子。欧美一些国家就派人在内山设堂传教施恩,勾结混入高山族部落中的"社棍"——即精通番语的汉族讼棍,通常是一些土匪、奸民、鸦片走私者等罪犯,引诱高山族居民入教,并以所谓的"化外之民"自居。一些社棍还在公元1858年蒙骗"生番"社民,与美国一个名叫拉毕雷的野心家相勾结,企图在内山番民居住的地方,成立一个"独立政府"，受美国保护。公元 1873 年，清廷总理大臣和台湾道的几句糊涂话，差点使台湾内山成为日本人的领地。这到底是怎么一回事呢？

公元 1871 年，清朝宗主国琉球国船民在途经台湾牡丹社地区遭遇到台风巨浪袭击。上岸的船民被排湾族"生番"抬了郎。公元 1873 年，日本公使柳原前光以此为借口到清廷总理各国事务衙门质询。总理大臣董恂想"省事"、"诿事"，就一推了之，说："'生番'系化外人士，未便穷治。"柳原见缝插针，说既然你们不问，那日本国政府要问。董恂想请柳原早点离开，也以为柳原只是说说而已，就答道："随便。"心怀叵测的日本人于是到了台湾，找到了台湾道夏献纶。夏献纶见总理大臣发了话，就信口开河道："牡丹社系属生番界，日本人如自己剿办，在我势难禁止。"于是，日本国派遣一支以西乡从道为司令、曾任美国驻中国厦门领事的李仙得为参谋长的侵略军，在公元 1874 年 5 月侵入台南琅王乔。他们在南湾的社寮登陆后，一路烧杀淫掠，最后在龟山驻扎，建营垒，辟荒地，铺道路，公开声言作长驻的打算。清王朝这才醒悟过来，"省事"和"诿事"之后是"多事"和"费事"，当即恼火万分地撤了董恂的职，罢了夏献纶的官，并昭告天下："番地虽居荒服，究隶中国版图。若谓该国仅与'生

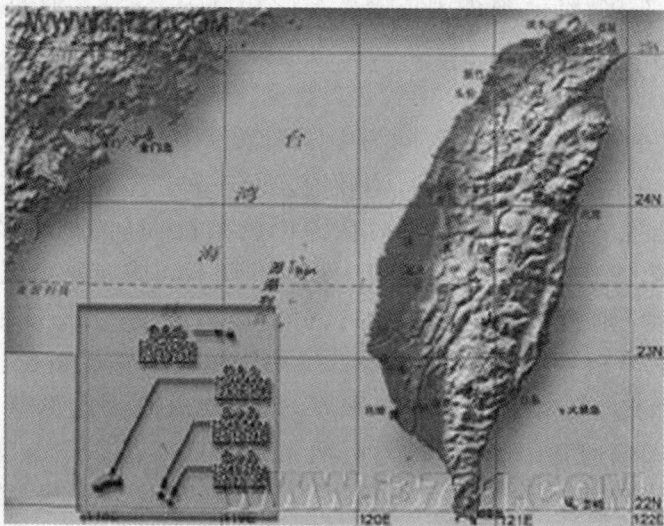

台湾地形

番'寻仇,未扰腹地,遂听其蛮触相争,必为外国所轻视,更生觊觎。"这个原则无疑是正确的。但长期以来,台湾地方官员都把"生番"问题看作是极难的问题,不想碰,不敢碰,或者硬碰,结果问题仍然严重存在。在沈锡荣禀报"生番"袭击护印使团之事后,刘铭传挥毫写下了一副条幅挂在爵帅府的大厅墙上。条幅上的话是:"凡欲办极大极难之事,必存愈久愈坚之心。"一个解决"生番"问题的完整计划也在他胸中酝酿成熟。

刘铭传首先抓了两个典型案例。

第一案例是严惩了潘高升。潘高升是台南副将,也算是刘铭传的老部下了,在抗法保台战争中立过战功。为邀功请赏,他率部队进驻已经归化的率芒和董底两社的高山族部落,焚毁房屋,滥杀无辜,然后拎着一个个高山族人的脑袋,到台南府去领赏。造成成千男女"熟番"流离失所,或逃进内山。官司打到台北爵帅府,刘铭传派了几个心腹明察暗访,结论清楚后,他愤怒异常,当即向清廷上折要求惩办潘高升,终于将他革职查办,送往军台也就是军队劳改农场去劳动改造。此事在高山族部落传开后,人人奔走相告:"新帅对我们一视同仁,不再偏袒官吏。"当即就有 15 个"生番"部落前来就抚。

第二个案例是马来诗昧案。台北内山有一个"生番"部落叫白阿歪社。白阿歪社部落的头目叫马来诗昧。就是这个马来诗昧在带人袭击了护印使团后,见没有抬到郎,就在回山的途中,与采制樟脑的汉族工人发生纠纷,一下子杀死了十几个人。消息传到台北府城,刘铭传见马来诗昧两案在身,决定亲率大军前往肇事地区,予以痛剿。马来诗昧与老婆听说爵帅亲率大军前来内山,也听说爵帅惩办潘高升,不偏袒官吏,就不顾部落的一些人反对,将自己反绑着,来到爵帅大营,表示要率部归化。

对这个犯有如此重罪的人究竟应该如何处理?爵帅府所有师爷和部将都主张杀无赦。有人也主张杀马来诗昧,赦其妻子。刘铭传一夜未睡,在大营内踱来踱去,踱来踱去。第二天一早,他力排众议,宣布对马来诗昧及其妻子宽大处理。他所持的理由有三点:

一是招抚"生番"工作刚刚开始。他想通过此案让全台"生番"头目知道官府"抚番"的真心诚意;

二是当年诸葛亮为稳定蜀国,对西南少数民族头目孟获曾有七擒七纵的善法,这很值得台湾借鉴;

三是对没有归化的"生番"部落头目不能按照一般法令对待,应因时因地因人而定。

马来诗昧和妻子听后当即泪水盈眶,他们誓言"不抬郎"、"不复叛"。刘铭传嘱咐他要为台湾各民族之间的和睦做促进工作。马氏果然不负厚望,几天后就说服了台北宜兰交界未就抚的20余个部落和竹家山的17个部落一起前来归化。刘铭传的幕僚,同光体著名诗人陈衍,以现场目击人作诗赞叹:

谅知得渠魁,已誓不复叛。

贲其一衅鼓,鬏棘弗敢窜。

一朝杀十人,厥壮殊不悍。

攻心乃为上,枯骨固可惋。

日日牛酒来,就抚欢未散。

刘铭传以如此独特的方法处理这两个案例的目的是什么呢?

在处理了这两个案例之后,刘铭传向清廷报告了他对高山族居民问题的几点真知灼见和处理原则。一是台湾番族,从前多在外山,由于以往官府怂恿垦民侵占番地,迫使他们挤归内山。更有一些土匪、奸民,或侵占番族田户,或欺骗番民财货,争端一起,即生械斗。二是以往土匪、奸民与番民械斗,倘若奸民被杀,则向官府诉冤,官府立即兴师剿杀,而番族被冤,则无处申冤。三是台湾战略地位十分重要,列强随时有可能逼临,如不在"招抚"上下大功夫,那么极有可能使外寇阴结番民,致生内乱。"外患虽来,尚可御悔",内乱一生,"腹心之害,何以御之"。因此,为巩固统一大业,他认为必须对台湾"生番"部落采取以抚为主、攻心为上的新政策。伴随着新政策的制定,一系列的措施也跟了上来。

首先建立了严密的抚垦组织。他在台北创立了全台抚垦总局,自任抚垦大臣,叫台湾本地人、处事比较平和的林维源担任帮办大臣,根据台湾高山族居民的分布情况,将全台划为东、南、北三路,每路设几个抚垦局,局下有分局,组成了一个严密的抚垦网。抚垦网构建后不久,刘铭传下令各抚垦委员、通事(翻译)等到台北开会。众人来到爵帅府大厅内,只见一个年约50余岁的老人披红挂彩地坐在爵帅的身边。这个人是谁？刘铭传为什么叫他披红挂彩？

原来,这个人叫梁成楠,字子嘉,广东南海人。少年时曾攻击过慈禧太后的丈夫咸丰皇帝,官府要治他罪。他出走后,"历游吴、楚戎幕,落落无所合",就来到台湾,在林朝栋军中担任秘书。刘铭传当时对林朝栋很是倚重,其中一个原因就是林朝栋上报的文书,与其他部队相比,"壁垒一新"。刘铭传是个惜才的人,就询问文书出于哪个人手?林朝栋如实相告。公元1886年,刘铭传亲自点将,要梁成楠担任东势角抚垦分局局长。梁成楠担任局长后,"躬历诸部,拊循其疾苦,纳番女为妻,习其语言,诸番皆昵爱,呼为阿公"。在梁成楠的领导下,东势角的番情颇好,成为台湾的抚垦模范。

刘铭传见大家到齐了,就站起来,高声说道:"诸位,你们看到了这个披红挂彩的人了吧,他叫梁成楠,番民们亲切地称他为梁阿公。东势角的番情现在在台湾可以称为首佳地区,其功在梁成楠。现在让他介绍介绍经验。"梁成楠未想到爵帅对他一再抬举,激动得脸都红了,在叙述了他的抚垦经历之后,刘铭传又站起来,以总结的口吻说道:"梁成楠之所以得到番民的爱戴,东势角的番情之所以好,就是因为梁成楠学番语,跑番社,习番俗,交番友,通番情,关心番民疾苦,为番民排忧解难。"榜样的力量是无穷的。梁成楠的抚垦经验经刘铭传这么一总结、一宣传,很快在全台得到推广和贯彻。

其次是优抚番民,善待番目。刘铭传下令各抚垦局从嫁给汉人的高山族妇女中选出"番婆",接待"番民"。凡高山族"生番"居民下山到局里联系或接洽事务时,由"番婆"置办酒席予以款待,对于出山的高山族居民,不论是否归化,每人每天给饭食钱100文,而且来去自由。对于已就抚和归化的高山族部落,按照部落人数的多少,每月发给口粮洋银5元至10元不等,春秋两季还发给衣裤。一年以内不滋一事的头目即"番目",颁发六七品功牌以资鼓励。

第三是创办"番学堂"。这是针对社棍、不法通事和外国传教士勾结起来闹独立、搞内乱的大举措。公元1874年日本侵犯台湾牡丹社时,当时的苏格兰长老会派遣的甘为霖就公开纠结、煽动番社内外的教徒援助日本侵略军,协助他们在高山族牡丹社升旗、盖房、筑路、垦地、传道,搞得不亦乐乎。参加者很多是番族青年。刘铭传抚台后,认为这是巩固祖国统一的隐患,非除去不可。但传教士们持有清政府发给的护照,作为一省巡抚的刘铭传是无权禁止的。于是,他在汉族人居住的地区,采取以民制教的方法,成功地抑制了传教士的非法活动。

公元1887年6月8日,繁华的台北大稻埕土地庙边上,一座新的房屋落成。门上挂起一块匾额,上写"天主教堂"四个大字,引起了乡民的聚观。6月18日,大稻埕众多商民绅士找到淡水知县汪兴祎,向他汇报此事,指出:"天主一教,素为法国所尊崇;教士向在中国,均有法人保护。自前岁中法挑衅之时,蹂躏人民,焚毁庐舍,劫掠商旅,诛杀无辜,台民至今切齿。若听其设堂传教,商人不忘法人之恨,必致酿成事端。"知县不敢怠慢,急忙报告了刘爵帅。刘铭传手批12个大字给了汪知县。汪知县接过来一看,这12个字是"以民制教,彼此辑睦,不许滋事"。当汪知县请教内中含义时,刘铭传笑着说:"传教士有朝廷批准的护照,地方政府及绅民是无权禁止的。你可指派公正、平和、有威信的绅民代表与牧师交涉,提出条件,要他们保证执行。切不可让少数唯恐天下不乱的人以烧教堂、杀洋人的方式,酿成事端。"绅民代表当即找到牧师何铎德,一番交涉后,三大条件被何铎德接受,并保证执行。哪三大条件呢?

这三大条件,一是开堂设教,须择僻静之所,不得在大街通衢上有碍民居的地方;二是所传之教,务须同耶稣一样劝人为善,教士须立品待人,堂内不得收养妇女及包庇匪类、恃教不受尊长约束者;三是凡遇教民家中婚丧之事,教士不得前往干预以避嫌疑,彼此辑睦而免滋事。这三大条件及其刘铭传的批示被转发台南、台北和台中三府,要求各地遵照办理。何铎德的天主教堂于是从闹市区迁走,搬到了一条僻静的巷道内。

在高山族的居住区,刘铭传采取的办法是"以教制教"。创办大批的"番学堂"就是"以教制教"的大举措,番学堂主要吸收各土著部落头目的子弟入学,年龄在10岁到18岁之间,条件是"资质慧敏"。学成后回部落作为头目的接班人。学习内容有读书、习字、官话、台湾土语及诗文等。所用的教材是体现儒教精神的三字经、诗经、书经和易经,学制为3年。学生衣食文具一律由官府供给,夏冬两季发放衣裤和鞋帽,由专门的校役为他们补洗。每人每天伙食费是银8分,有佣厨调理。刘铭传曾亲自批示:"番社子弟入学,必须厚给衣粮,使其有不愿回社之乐,将来番习易改;若漠视不管,终归无益。"番学堂每月考试一次,及格者发给3角钱的赏银,以资鼓励。每3日引导学生到所在区域附近的城市游览一次,以激发他们接受汉族先进经济和文化的兴趣,同时也能在与汉族人的交往中,增强会话能力。番学堂开办一年之后,刘铭传到学堂视察,一些番学生开始提意见了。他们提了些什么意见呢?

原来,他们说,大帅,汉族子弟在学校上学,都向往考秀才和举人。而我们番学堂学3年后,什么功名都没有?这不公平。刘铭传不仅不恼怒,反而大喜过望。他爽朗地笑道:"提得好,提得好,是要考虑这个问题了。"于是,兼任学政的刘铭传,打报告给清廷,允许他特事特办,对成绩优秀者,破格以生员例,授予"番秀才"的称号。清廷的态度不错,要刘铭传便宜行事。于是,番学堂几个学习成绩好的番族子弟都获得了"番秀才"的荣誉。那个马来诗昧的儿子小马来诗昧就获此荣耀。当"番秀才"的证书和匾额送到马来诗昧家时,他和老婆带着全部落的人燃着鞭炮,烧起篝火,歌之舞之,直到天明呆呆红日升起。

第四是亲抓教化工作。台湾抚垦总局在刘铭传主持下曾颁发五教和五禁。五教是教正朔(年月季节),教恒业(积累家庭固定的产业,孟子说:民之为道也,有恒产者有恒心,无恒产者无恒心。如果无恒心,放辟邪侈无不为已),教体制,教法度,教善行。五禁是禁做飨(高山族旧俗,家中有灾病必须出去杀人),禁仇杀,禁争产,禁佩带(刀、枪、箭之类武器),禁迁避(任意搬迁)。在抚定马那邦、苏鲁两个"番社"后的一天,抚垦帮办大臣林维源突然带马来诗昧前来拜谒刘爵帅,说有急事相告。马来诗昧有何急事相告?

只听马来诗昧说道:"大帅,总局颁发了五教五禁,抚垦委员也向我们作了宣传,但我们的汉语水平差,有些东西难以理解。你知道,千百年来,番族有两大风俗。一是抬郎,二是唱歌跳舞。而'抬郎'是一切问题的根子。如何劝止这种风气,依小人之见,还是要编一首番歌,让大家传唱。"刘铭传激动地站立起来,握着马来诗昧的手说:"马来诗昧呀,马来诗昧呀,你这是肺腑之言、真知灼见啊。本帅将亲自编歌。"

刘铭传编的歌叫《劝番歌》。歌词如下:

劝番切莫去抬郎，抬郎不能当衣粮。

抬得郎来无好处，是祸是福要思量。

百姓抬你兄和弟，问你心伤不心伤。

一旦大兵来剿洗，合社男女皆惊慌。

东逃西走无处躲，户屋烧得一片光。

官兵大炮与洋枪，番仔如何能抵挡？

不拿凶手来抵命，看你跑到何处藏？

如若你们不肯信，问问苏鲁马那邦。

莫如归化心不变，学习种菜与种田。

剃发穿衣做百姓，有衣有食有钱粮。

凡有抬郎凶番仔，哪个到老得保全？

你来听我七字唱，从此民番无仇怨。

懂番语的通事连忙将这首《劝番歌》译成土音。刘铭传下令各抚垦机关派通事抄给部落头目，并派专人教部落男女歌唱，要求做到家喻户晓。此歌经口口相传，代代传唱，直到今天仍然在台湾流传。

由于有以上的政策和措施，台湾的抚番事业出现了历史上从来未有的新气象。到公元1889年3月（清光绪十五年二月），全台湾高山族部落"番社"全部就抚和归化，大大促进了祖国统一大业。

此外，刘铭传还积极架设陆海电线，创设邮政事业，以加强台湾与祖国大陆联系，为祖国统一事业作出了贡献。公元1874年，日本侵台事件发生。林则徐的孙女婿、船政大臣沈葆桢奉命到台处理此事。他准备在台设立电报局，架设水陆电线。由于福州的闽浙总督和福建巡抚在此事上与福州将军意见不同，此事最后没有成功。公元1877年，丁日昌任福建巡抚，又旧事重提，并获准以台湾府治即后来的台南府治安平为起点，架设陆路电线两条，一条到凤山的旗后港即后来的打狗，另一条到达安平海口，两线共长95公里。这是台湾最早的电报线路，但只局限在台南一隅，既不能畅通全台的信息，更不能沟通台湾与祖国大陆的联系。

刘铭传抚台后，深感无论从政治、军事还是经济等方面来看，都亟须加强台湾与大陆的联系，而架设水陆电报线正是这种联系的最好方法，"实为目前急务，必不可缓之图"。基于这种认识，他喊来了李彤恩，要他火速与外国有关公司交涉架设事务。李氏不愧为"办事快手"，没有几天的工夫，就与英国怡和洋行签订了架设海峡之间的海底电报线路和制造巡船的合同，并和德国泰来洋行签订了架设陆路电报线 400 公里的合同。到公元 1888 年 3 月，水陆全线贯通，从此，台湾不仅与省内各地联系便捷，而且与祖国大陆瞬息相通。与此同时，刘铭传在台湾创设了较为完备的邮政体系，不仅开创了台湾民用公共事业的先例，而且促进了台湾与祖国大陆的联系。

就在刘铭传出席架设海底电缆合同签订仪式会时，台湾本土人士林朝栋来到爵帅府，他向刘铭传报告，他的巡察缉私队拿获了一件走私案，事情涉及外国洋行，请大帅定夺如何办。这是一件什么走私案？刘铭传又是如何定夺的？欲知后事如何，请看下集：《与敌争利》。

十二 与敌争利

上集我们说到林朝栋向刘铭传报告拿获了一起走私案,涉及外国洋行,请爵帅定夺。

他所说的走私案是指樟脑走私案。樟脑一向是台湾的驰名特产,主要产在北路地区。它由香樟树的根、干、枝、叶熬制而成,可用作药料和香料,出口海内外。明末郑成功父亲郑芝龙居台时开始入山开采,伐木熬脑,售给日本。清朝时收归国有开采,对私熬者治罪相当厉害。公元 1826 年即道光五年,清廷在台北艋舺设军工厂,并附设军工料馆,兼办樟脑事务,"内山所熬之脑皆归所收,而后配出"。鸦片战争期间,对樟脑需求甚急的英国人,秘密地来到台北基隆,以鸦片换樟脑,一下子将清王朝的禁令冲破,私熬之风一天比一天厉害,甚至连充军杀头也难以禁止。公元 1860 年(清咸丰十年),台湾开港,外商潮至,逐渐控制了樟脑的购销大权。台湾道陈方伯见外商每年在此项上获利甚厚,就奏准重新收归官办,设立"脑馆"实行统购统销,规定外商购樟脑必须通过"脑馆",而且以现金支付,每担收购价 8 元,卖给外商 16 元,香港市价 24 元。英、美、德商见利润锐减,就互相勾结,以走私的办法破坏这种制度,于是纠纷迭起,终于导致了一场战争。这场战争的过程及后果又是如何呢?

战争发生在公元 1868 年(清同治七年)。事先安平英国领事照会台湾兵备道吴大廷,将樟脑官办改为民办,吴氏当然予以拒绝。驻京英国公使接着到总理各国事务衙门交涉,认为樟脑官办有碍通商。总理衙门请闽浙总督派兴泉永道曾献德专门渡台与安平英国领事议论此事。不等议论结果出来,英国的"布斯号"和"阿尔及利号"军舰就开进台湾,乘夜袭击了安平,占领了赤嵌。数十名清军官兵在这场战争中死亡,副将江国珍见场面难以收拾,在连呼"我愧对台湾"声中服毒自杀。在英军的枪炮下,清政府与英军签订樟脑条约五条。条约规定废除台湾官府统购统销制度,外商只要凭海关总税务司英国人赫德签署的通行证就可自行入台湾内地采脑或购脑,并可用预先付款的办法,在当地雇人制脑。

从此,樟脑生产和购销大权重新被外商控制。原先设在产脑区保护制脑工人安全的部队也撤了下来。随之而来的是产脑区土匪、番社杀戮事件频繁发生,台湾樟脑产量急剧下降。公元1875年即光绪元年由原先的11000余担降到8150担。公元1882年(清光绪八年)"颗粒无出矣",终于在刘铭传抚台的公元1885年即光绪十一年不得不停止生产。这一年台湾樟脑输出量仅3担。

台湾的天然樟脑这时在国际市场上每担卖到五六十两白银的价格,即使在台湾也卖到每担12两。如此大的利益,竟被外国人掌握,岂非咄咄怪事。

刘铭传于是决定重振樟脑业,实行樟脑专卖制度。在他看来,这是一场"商战"。而"商战"的核心就是"与敌争利"。"通商惠工,开辟利源,以夺洋人之权利。"公元1886年8月即清光绪十二年七月,刘铭传经清廷批准在台北设立全台官脑总局,任命丁达意为总办,还在北路大科坎、三角涌、双溪口,中路彰化、宜兰,南路恒春等地各设转运局。山地所制樟脑全部由官办脑务总局收购,每担8两,售与中外商人为12两,年可获利数十万两白银。这期间,刘铭传也曾将台北部分地区樟脑收购权承包给中国商人蔡南生,而退还了昔日德国商行"公泰洋行"的保证金,取消了他们以往揽办的权利。台湾中部彰化一带的樟脑收购权承包给在抗法保台事业上有功的人士林朝栋,嘱令他利用所获利润充当他在这一带防务和抚番的经费。德国公泰洋行的老板见刘铭传废了他们昔日的权利,就找到了德国瑞兴洋行老板晦实禄。两人经过一整天的密议,终于想出了一个对付刘铭传的办法。这是一个什么办法呢?

晦实禄告诉公泰洋行老板说:他在台湾认识许多经营生产樟脑的商人,其中有一个叫彭牛的人跟他的关系很铁。彭牛在樟脑业上的名声很大,手下的马仔很多,路子也很野。我告诉他,官府以每担8两价格收购,我以每担11两收购,彭牛的眼睛都笑成一条缝了。公泰洋行老板不无顾虑地说:如果这样搞,在中国叫"走私",一旦被发现,后果是很严重的。晦实禄说:没有关系,彭牛以这种方法给他们运送到香港的樟脑已超过1000担,除去运费,单就樟脑这一项,瑞兴洋行就赚了4万两白银。他还说,其中有一次被官府发现了,彭牛花了一点钱打点打点,就放货走人。

公元1886年12月26日(清光绪十二年十二月初二日)凌晨,彭牛在台中鹿港区水底寮处正在装船走私运送300担樟脑时,被林朝栋亲率的巡察缉私队拿获。彭牛本人跳水逃走。船上的人有恃无恐,高声说:"这是瑞兴洋行的货,看谁敢动!"林朝栋拿捏不准,特地赶到台北爵帅府向刘铭传汇报,请他定夺。刘铭传当即抽出一张纸,挥笔写下了8个大字:"缉拿主犯,私脑充公。"林朝栋接过手令,风尘仆仆地赶回台中,经过周密部署,终于将彭牛缉获,录下供词,案件涉及瑞兴洋行,铁证如山,晦实禄急忙跑到英国驻安平的领事馆告状。英国领事霍必澜带着一干人马气势汹汹地找到了台湾道陈鸣志。他声言如不发还原物,释放彭牛,英德两国将不会善罢甘休,公元1868年安平事件将会重演。面对这一威胁,台湾道陈鸣志又是怎样应付的呢?

陈鸣志非常清楚公元1868年的安平事件。英军占领安平和赤嵌,副将江国珍服毒自杀,道台吴大廷被撤职查办。他不能不考虑后果。好在如今有爵帅刘铭传当头,陈鸣志思虑再三,以800里快马邮递的方法,把一纸请示连夜送到爵帅府。刘铭传当即批示:告诉陈鸣志和林朝栋,"今本国自拿奸民,该洋商出面包揽,殊属不合。该道须以海关执照所载为凭,不可因其恐吓,轻许赔偿为要"。陈鸣志放下心来,通知英国领事霍必澜和瑞兴洋行老板晦实禄:"爵帅已有定夺,我等照章办事。有想法请到台北去找刘巡抚。"霍必澜领事和晦实禄咽不下这口气,他们决意要把这件事搞到底,他们知道台北的刘爵帅是个敢作敢当、有主见的人,既然他的批示已下,恐怕很难收回。怎么办呢?

霍必澜当即出了一个主意,叫晦实禄到北京去德国驻华公使馆去告状。德国公使果然照会清廷总理各国事务衙门。公元1887年

5月（清光绪十三年四月），总理衙门奕劻等人电告刘铭传，要他"通融行事"。刘铭传据理抗争："查水底寮距台湾府城三百余里，毗连番境。海关执照载明：洋商采办樟脑，不准迫近番界，以杜洋人深入致生隐患。此次德商瑞兴擅赴该处包揽，即系不遵照所载条约，且奸民彭牛私熬樟脑，民番仇杀，已毙张云亮、张阿瞒二命，前经道员林朝栋禀请严拿惩办。此系自办本国奸民，瑞兴洋行不得干预。"一时大煞外商气焰。瑞兴洋行自此退出台湾的樟脑业，晦实禄跑到汕头，将脑业承办权交给英国的怡和洋行。而台湾的樟脑产量逐年上升，公元1890年出口达6480余担，第二年出口15918担。所获利润相当丰厚，不仅在"与敌争利"上打了胜仗，而且有力地支持了台湾的建设事业。

类似"与敌争利"的事还表现在茶业、蔗糖业、盐业和硫磺业等方面。比如硫磺业。台湾自古以来就以出产硫磺著称于世，主要产地在台北平原的大屯火山汇地区。由于硫磺主要用处是制造火药，因此长期被清政府禁止私自开采。清同治和光绪两朝（公元1862—1908年）期间虽有开禁之议，但所产均归官府使用，不得贩运和买卖，造成大批硫磺积压和资源浪费。日本国商人抓住了这个机会，把本国的硫磺运到香港，然后转运到中国内地，供应民间熏炙葵扇草帽、制造爆竹等，每年销售量达几万石。刘铭传从振兴实业、谋求商战的观点出发，上折请示开禁，指出台湾"磺样较验，比东洋所出尤高一二成"，质量很好，不能"听任日本畅销"，并认为只要加强管理，就不仅不会出事，而且能以磺利补台湾建设经费之急需。获准后，他就于公元1886年10月在台北设立了磺务总局，并在北投、金包里、油坑等处设立分局，其中油坑磺业由金包里分局兼办。为使硫磺能畅销祖国大陆各地，并在市场上与日本"争利"，刘铭传下令在沪尾设立一个硫磺加工厂，将初级产品进行再加工以提高质量；同时还于公元1887年1月4日在上海原英租界后马路处设立一个驻沪台磺局，屋上挂着一幅巨型广告牌。上面写着："台湾硫磺，质优价廉"，吸引了全国各地的商人。自此，台湾各分局所采硫磺先送到沪尾硫磺厂加工，再由轮船运到上海驻沪台磺局，然后发往安徽、江苏、江西、山东、河北和东北等省。自公元1886年12月（清光绪十二年十一月）至公元1890年1月（清光绪十五年十二月），台湾共售出硫磺122万余斤，不仅打击了日本国的磺利，而且为台湾的设防、抚番等事业增添了一笔不小的费用。

更叫绝的是刘铭传还把"与敌争利"的"商战"思想运用到台湾的航运上。台湾自开港之后，外国商轮就接踵而至。其中英国的邓肯公司159吨的"猛浪号"轮船、怡和洋行的159吨的"文达斯克号"轮船常往来于安平、淡水、厦门、汕头和香港之间，每两星期往返一次，获利不少。以后英商开办德忌利公司，吸收怡和、嘉士、德记洋行的投资，成为集资百万的股份有限公司。该公司的"爹利士号"轮船航行于香港、汕头、厦门、安平之间，"科摩沙号"、"海龙号"、"海门号"船行驶于汕头、厦门、淡水之间。而台湾本地商人依旧以木船航运，既不安全，速度又慢，敌不过外商的轮船。于是"台湾航运遂为外人所揽矣"。这种局面如何打破？刘铭传在公元1886年3月的一天，叫亲兵将丁达意、李彤恩、马相伯和张鸿禄喊到爵帅府议事。他们议了些什么呢？

4人来到爵帅府，还未坐定，刘铭传就告诉他们，他打算创办一个全台商务总局，下设一个轮船公司，资金从何而来，请大家出出主意。丁达意立即说："爵帅，打报告给朝廷，请求拨款。"刘铭传摇了摇头答道："朝廷已是捉襟见肘，国库里空空如也，哪里会有钱拨来，这不是好办法。"马相伯说："借款。以台湾官府名义向各省官府借款。"刘铭传又摇了摇头说："此法也不行。能不能借到已是问题。借过后如何归还，更是问题。"李彤恩和张鸿禄对望了一眼，小心翼翼地掏出一张纸来说："爵帅，上次，我和张大人到帅府来，你曾告诉我们，西方人以商务为国本，自强在经商。而经商的模式很多，有官办，有官督商办，这两种方法弊病都很多。但商办和官督商办，不妨在台湾实验一下。根据您的意见，我们搞了一个《振兴台湾商务章程》的初步方案，请你过目。"刘铭传大喜，说："你把章程念出来给大家听听。"

李彤恩于是以带着浙江口音的官话说道：

一、振兴台湾商务，官创商办，以期共有利益；

二、官创如轮船、电报、铁路以及各项，随时招商集股承办，庶几迅速周妥；

三、招商集股承办，必举商经营，订立章程，呈候审察和定夺；

四、创办时官方所用资金,待商董承办之后再如数缴官。

刘铭传当即拍板:"就这样办,招商集资,官创商办,这是我们台湾的创造。为什么要官创?因为有些事官不创,商难以启动,难以拓展;创办好了,如果官不退出,商也难以经营和放手发展,官一退出,商就好办。现在我委派你们两人到南洋去招商引资。华侨虽在异国,但爱国情殷,以往官府将他们看作异类是大错特错的。你们明天就出发。"

李彤恩和张鸿恩马不停蹄地到越南西贡、新加坡、马来西亚、菲律宾等地宣传了刘爵帅创意,很快就募得商股百万两。他们以现银36万两到英国哈汤造船厂订购了"驾时"和"斯美"两艘商轮。据维新派人士薛福成说:这两艘轮船"皆系搭客浅水快船。每船机器马力三百匹。载货净七百零四吨五六,七百零三吨四五。长二百二十尺半,宽三十四尺二寸,中深八尺,轮机舱长四十八尺。每点钟十五诺脱(即海里)有奇"。都是质量好、载货重、速度快的船只。台湾轮船公司开张了不久,刘铭传又将台湾的飞捷、伏波、海镜各兵轮划归轮船公司使用,以备无轮之需。又先后从德国和香港定制了8艘小商轮。这10艘汽轮加上3艘兵轮,航行于台湾岛、澎湖、上海、香港和新加坡、西贡、吕宋等地之间。史载"往来各埠,生意日臻繁盛"。台湾轮船公司成为可与外商轮船公司相抗衡的力量。史载,本国轮船进入台湾香港的数字逐年增加。公元1885年为134艘,到公元1891年增加到211艘,增长额为57%。

蔗糖和茶叶也是台湾的主要出口产品。即以蔗糖为例,英国、日本和澳洲人十分喜爱台湾蔗糖,出口量在公元1880年(清光绪六年)达到最高额,超过100万担。但以后由于种种原因,台湾蔗糖淡出国际市场,为其他国家蔗糖所替代,以致到公元1886年,台糖输出仅有39.8万担。刘铭传为此和李彤恩亲自到北郊糖业公会调查研究,发现导致蔗糖出口下降的原因有两个:一是中国历朝历代商人中"刁滑之徒"的恶习——欺诈;二是制糖工具的落后。为此,他与李彤恩督促北郊糖业公会订立条约。公约声明如下:

"盖贸易必以公平为准,商价必以信实为宜。我台南经沧桑变后,风化愈变,人心不古。而商务之中丛生弊窦,其害何所赆乎?如彼之糖篓,愈增加重量,则购买者愈形损害;况以番薯荛粉,杂入糖中,鱼目混珠,奸谋百出,若非严禁以兴利除弊,则作伪之风,横行于世,岂不为各埠所笑。冀我同仁公共禁戒,除曩时之陋弊,启后日之良规,俾商业日兴,利源日广。"

公约订立后,他又派人到各制糖手工工场,拟订有关规定。并成立一支督察队严格检查蔗糖质量,对缺斤少两、掺假欺诈者的行径给予严惩。

他还亲自拜访了连横的舅舅沈德墨。沈德墨是台南的制糖商人,德高望重。他告诉沈氏可从德国进口先进的制糖机器。沈德墨谈到了资金的困难,刘铭传立即邀来几位商人以集股的形式,资助沈德墨购进新机器,并在台南新营庄创设起新糖厂,以新法制糖,提高了产量和质量。经过如此整顿,台糖输出额迅速回升,公元1887年增为55.3万担,公元1888年为65.4万担,公元1890年增长到72.1万担,在国际市场为台湾争来了较大的"糖利"。

由于刘铭传的精心策划和经营,自公元1886年到公元1890年,在祖国大陆各地贸易出现大幅入超的情况下,台湾却一直居于出超地位。与公元1885年相比较,台湾贸易额以每年30%的比例高速增长。到公元1890年,出超额达到363.3万两。这在近代台湾史上是罕见的,与祖国大陆各地相比,更是绝无仅有的现象,以致台湾史家连横惊呼:刘铭传抚台后,台湾贸易"出入足以相抵,且有溢过,故能百事俱举,民户殷庶,使长此以往,台湾之富未可量也"。显然,这是刘铭传"与敌争利"的结果,用刘铭传自己的话来说,这就叫做"所谓商战从容坐镇而屈人者也",在国际商场上能稳镇住他人而使人处于下风的原因是自身在商战上从容不迫,指挥若定。

就在刘铭传为他的商战业绩颇感欣慰之际,台中彰化县传来了一个消息。一个名叫"顺天会"的组织纠结起数千人举行暴动,矛头直指"清赋"。这究竟是怎么回事?欲知后事如何,请看下集:《清赋风潮》。

十三 清赋风潮

上集我们说到刘铭传正为商战业绩颇感欣慰之际,台中彰化县传来一个自称"顺天会"的组织,纠结数千人造反的消息,他在震惊之余,也清醒地看到他的清赋事业已到了硬碰硬的时候了。

刘铭传在台湾下定决心搞清赋即清丈土地、理清赋税的时间是在公元1886年初。一天,他在爵帅府阅读大陆洋务维新派人士寄来的西方书籍时,突然被一个名叫威廉·配第的英国人所说的话震撼了。威廉·配第说:"土地乃财富之母,劳作即财富之父。"他挥毫将这句话写在纸上。正在这个时候,亲兵前来报告,一个名叫李春生的商人来告状。刘铭传知道李春生是福建厦门人,少小曾入私塾,后因家贫辍学,与自己的早年经历相同。不同的是,李春生很早进入洋行做学徒,后走上经商的道路,还学会了一口流利的英语。他卖过煤炭、樟脑和大米,积累了一定资产后到台湾在靠近淡水一带买了一大片土地,辟为茶园,经营茶叶。还未等刘铭传"请"字落音,李春生就哭丧着脸奔到府内,一下子跪在爵帅面前:"大帅,请您为春生做主!"刘铭传急忙将他扶起,说:"春生,有话慢慢说。"李春生有何事要刘铭传做主?

原来李春生买地让人骗了一笔巨款,计2万两白银。在当初考察这片土地时,两个名叫张阿保、张阿根的人声称土地是他们的,众多的耕户也说,多少年来他们就是向张阿保、张阿根的父亲交地租,现在向兄弟俩交地租,土地是张家的,一点不假。于是李春生就把2万两白银如数付清,并对原先的耕户们说:"你们现在就为我服务了，我打算在这片土地上种茶叶，办茶厂。栽种和焙制的方法，我会请人来教你们。"谁知几天以后，林维源的一个本家气急败坏地来到茶园，找到李春生说："这块土地是我的。"他拿出当年官府批准核实的地契作为依据，千真万确。也吵着要李春生付给他2万两白银，李春生顿时脸色发白，傻了眼。在交谈中，他才知道台湾土地权利关系十分混乱，存在着大租户、小租户、耕户3个阶层。林维源的这个本家的祖上在当年官府实行奖励开垦的政策下，就出资申报包下了这片土地，然后招募人来开垦和耕作，并将垦民武装起来，以备械斗仇杀之需，大庄园制也就随之形成。前者被称为垦首，后者称为力垦者。力垦者向垦首缴纳1/10的租额，垦首则负责向国家缴纳正供，并相约不得随意增租和夺田，这样，在台湾大庄园制形成的同时，以土地所有权和土地耕作权相分离为特点的"永佃制"也在台湾岛发生，成为瓦解大庄园制的基因。随着永佃制的形成和发展，力垦者逐渐抬头，他们常常"业主易佃，则起罢耕"，掌握了土地的使用权和管理权。到最后，他们也有买卖、典押、出租土地的实际权益。他们通常采取出租的方式，将土地租给佃农耕作，收取十分之四五的地租。由此产生了在同一块土地上存在两种租额的现象，前者称为大租，后者称为小租。张阿保、张阿根祖上是开垦者的首领，后来演变成小租户。他们兄弟俩承袭祖上的事业，掌握了土地的使用权和管理权，搞得耕户都以为张氏两兄弟是这片土地的主人。他们出让土地权也被耕户认为是天经地义的事情。刘铭传这才知道，台湾官府长期以来对土地权益并无明文规定，大小租户都可出让土地权，也都互相推卸交纳国家正供的义务，导致林张事例层出不穷。李春生吃亏就吃亏在台湾土地权利关系紊乱上。刘铭传劝慰李春生，允诺一定为他做主，不过希望春生能给他一定时间。茶园要继续经营。林张都要土地出让银的事他负责搞定。李春生高兴地走了。刘铭传叫亲兵通知布政使沈应奎和通商委员李彤恩前来帅府。

两人遵命来到，还未坐定，刘铭传就高喊一声："备轿，我与沈大人、李大人视察一下台北乡野城郊。应奎，你叫师爷把台北土地册带上。"3人来到台北城郊，但见一望无际的原野田园，葱葱郁郁。淡水河边一片庄园更显得风光灵秀、生机勃勃。刘铭传说："这片庄园少说有3000亩，听说是郑家的。他们家有一个叫郑荣的，据说在鹿港营担任游击（旅长）。"一旁的沈应奎师爷在翻着土地册后说：
"爵帅，土地册上这片庄园只有 100 亩。""为什么?!"刘铭传厉声问
道。沈应奎连忙答道："爵帅，应奎接手代理布政使以后，才发现沃
野千里的台湾土地，在土地册上登记的才只有 77 万余亩，田赋收入
每年折合银元 40 余万。大小租户特别是大租户隐田太多啦!"李彤
恩在一旁插言道："豪绅们行贿，贪官污吏们受贿。台湾土地两百年
从未认真清丈过。这就是隐田现象十分严重的原因。乾隆五十一
年（公元 1786 年）当时台湾道打算清丈，结果造成豪绅林爽文率众
造反，南北响应，大乱 3 年。官府从此不再过问此事。"刘铭传沉思
了一会，说道："起轿，打道回府。"

　　3 人回到帅府。沈应奎和李彤恩这才看到爵帅文案上那张条
幅："土地乃财富之母，劳作即财富之父。"他们心领神会，当即问道：
"爵帅，您今天喊我们来，莫非是为解决台湾土地问题?""正是，"刘
铭传说道，"我已下决心在台湾实行清赋，解决台湾土地权利关系混
乱和隐田太多的两大弊病。南洋侨商素闻台湾土地肥沃，出产繁
盛，官府又竭力鼓励，多欲来台经营，不清赋，他们怎么敢投资? 台
湾现在正经营新政，正需要启动资金，不清赋，经费从何而来? 对台
湾来说，土地是财富之母，开发即财富之父，而清赋是开发的第一
步。"沈应奎不无担心地说道："台湾官绅历来勾肩搭背，风气强悍，
当年的林爽文为此造反……"未等沈应奎话说完，刘铭传就斩钉截
铁地说道："今年不是林爽文闹事 100 周年吗? 本帅就在今年搞清
赋。清赋是正道，邪不压正。我已经有了一个完整的计划，即使出
一点乱子，本帅也要将正道走下去。"

　　刘铭传在清赋上的完整计划是分为五个步骤。第一步是上折
清廷，请求批准。第二步是编制新保甲制度。新保甲制度的新就在
于除户口编制之外，还清查各户粮赋，作为清赋的基础。第三步是
清丈土地。第四步是改赋。第五步是发给丈单，确定土地权利关
系。谁知第一步就差点卡了壳。这是怎么回事呢?

　　原来公元 1886 年 5 月 21 日（清光绪十二年四月十八日），刘铭
传上折清廷，请求在台湾丈田清赋。此事当即遭到清廷庆郡王、总
理各国事务衙门大臣奕劻的反对，认为他"标新立异，徒生是非，倘
若引起百年前林乱再演，局面如何收拾?"一班权臣和文士见奕劻发

了话，就同声附和，搞得从心里支持刘铭传的李鸿章也不敢作声，奏折差点被搁置一边。这时，军机大臣奕譞沉下脸来，对奕劻说道："庆郡王，您说话也太随意了。清赋是新事，也是正事，干前人未干过的正事，有何不能标新立异？刘铭传对台湾土地弊病的革除要求，我看是很在理的，怎么能说成是徒生是非呢？"显然，奕譞是支持刘铭传的。刘铭传在台湾的一切新政，也与奕譞的支持是分不开的。这其中的原因何在？

奕譞是道光帝的第七个儿子，也是咸丰皇帝的弟弟。公元1851年他11岁时就被封为醇郡王，公元1859年受命在内廷行走。公元1861年，同治皇帝的生母慈禧太后联合东宫慈安太后和小叔子奕訢与肃顺等8位顾命大臣争权，他这个慈禧的小叔子也站在慈禧太后一边，获得信任，晋封御前大臣，领侍卫大臣，管神机营，相当于现在的中央警卫局局长。不久，由醇郡王进封醇亲王。他在31岁时得载湉，即以后的光绪皇帝。虽为满清王朝的亲贵，奕譞的思想却十分的开明。他平时喜欢看一些西方洋务书籍，有进步倾向，对光绪皇帝影响很大。平时在朝中，他和李鸿章关系不错，对李鸿章一些洋务思想也比较欣赏。他对一些洋务维新人士也能予以呵护，因此有"贤王"之称。公元1880年（清光绪六年），奕譞和李鸿章想在中国兴造铁路，就叫李氏通知与他们有相同主张的刘铭传，上了一道《筹造铁路自强折》，结果遭到满朝文武顽固派的极力反对。唯有奕譞和李鸿章等几个人保持缄默。奕譞这时虽为军机大臣，但他的哥哥奕訢主持军机处，他处于二三把手的地位，只好以沉默表示不满。这年12月3日，西太后和光绪皇帝在北京召见了刘铭传。事后，刘铭传来到李鸿章府内。李鸿章说："省三，你如有工夫不妨去拜见一下醇亲王奕譞大人。"刘铭传不解地说："我又何必去巴结这个权门亲贵？！"谁知李鸿章沉下脸来，说了一句令刘铭传大为吃惊的话来。他说了一句什么话呢？

李鸿章说："省三，如果你真要不去拜谒奕譞，那么今后我这里，你也就不用来了。"见老上级李鸿章把话说得如此严重，刘铭传去了醇亲王府，受到奕譞的热情接待。奕譞称赞刘"脑筋清楚，思路开阔，魄力不小"。公元1884年中法战争刚刚爆发，西太后以"委靡因循"为由，罢去了奕訢的一切职务，叫奕譞实际主持军机处。他一上台，就起用了在家赋闲十几年的刘铭传，并给他头上加上了一顶"巡抚衔"的帽子，名正言顺地去台湾主持军政大事。以后又在朝中多方帮助刘铭传，让他担任巡抚，支持他在台湾搞改革、开发。公元1889年，清廷赏刘铭传太子少保衔，第二年又赏加刘铭传兵部尚书衔，都与奕谭的赏识提拔有关。不久，担任总理海军事务衙门大臣的奕谭又提名通过了刘铭传担任帮办。这个衙门是高于"总理各国事务衙门"的官署，里面的会办和帮办集聚了当朝的权臣如奕劻、李鸿章、善庆、曾纪泽（曾国藩的儿子）等，比刘铭传级别高的总督想进去都是没影子的事情。但刘铭传却以一省巡抚的名义，破例地进去了，担任帮办大臣。时人评论："将帅之尊荣，朝廷之倚畀，俱可谓极至者已。"就是说刘铭传作为一个武臣出生的人，其尊荣和地位已达到登峰造极的地步了。一时，朝野之士为之侧目，嫉妒仇视刘

李鸿章

铭传的官员更气得口中吐沫、眼中滴血。有奕谭撑腰，刘铭传在台湾的改革和开发一路不挡手。搞清赋，他坚信奕谭也会支持他。

果然，奕谭一发话，奕劻就缩起了脑袋，其他附和奕劻的权臣也掉转风帆，连忙说："还是醇亲王说得在理。"李鸿章来了精神，连忙奏请光绪皇帝批准。光绪皇帝当即下达圣旨："揽奏已悉，即着督饬派出各员绅认真办理。"

刘铭传收到圣旨，即在公元1886年7月9日通告全台，阐明清赋意义，颁布清丈章程，并在台北、台南两府设立清赋总局，由雷其达、程起鹗两知府负责。名县厅都设分局，以县令或同知主其事。全台清赋事务由布政使衙门管辖和协调。为避免清丈土地时因人情、夙怨等原因出现弊病，刘铭传告知雷、程两知府：分丈委员、弓丈手、算书、绘书等实际操作人员和技术人员一律不用台湾本土人士，由他在安徽合肥、芜湖、六安、宁国等县请人，拨给南北各县厅。谁

知好事多磨，就在林爽文当年闹事的彰化县又出现"顺天会"造反，矛头直指清赋。这是怎么回事呢？造反的头子又是谁？

纠结暴徒成立"顺天会"造反的头子叫施九缎。施九缎是彰化县二林上堡浸水庄的庄豪，平时常持剑破额为人扶乩，装神弄鬼，在四乡有一定影响。安徽来的清丈技术人员秉公清丈，查出这一带庄豪隐田太多，就向知县蔡麟祥汇报。蔡氏见隐田的庄豪太多，曾任该县训导的施家珍就是为首的一个，此外还有前广东新兴县知县蔡德芳，廪生施藻修、施庆、王焕、简灿、林武等。当地驻军首领游击郑荣因台北既得利益受损，不满清赋，也暗中支持他们。所以反清赋的气焰在彰化十分嚣张。蔡知县十分为难，就敷衍塞责，要安徽来的清丈人员停止工作，一拖就是近两年时间。情况反映到刘铭传那里，刘铭传十分恼怒，就把蔡麟祥调离彰化，换上了李嘉棠担任知县。

这时，清赋在台湾全省已近尾声，而彰化县却水不动、虾不跳。李嘉棠急了，就嘱令手下快速办理，结果在一个问题上与施家珍发生了争论，这就是如何收取清丈费。清赋总局规定每 100 亩收取清丈费 4 元，彰化县原先在册田亩为 15 万亩，实际清丈的结果，隐田多于报册数十几倍，而尤以施家珍家隐田最多。依施家珍的意思，清丈费就按照报册数收取，全彰化只要缴纳 6000 元就行了，而李嘉棠认为要按实际清丈数收取费用，这是爵帅和清赋总局的精神。施家珍见新知县比旧知县难讲话，就煽动各保不到县署去领取丈单，也阻止各户缴纳清丈费。这时毗邻彰化的嘉义县知县罗建常在收缴丈费、镇压庄豪等方面，政绩斐然，受到爵帅的表彰。李嘉棠邀功心切，就一面派吏役到各堡催办，一面将反对清赋、聚众闹事的庄豪简灿、林武等处死。其意在惩一儆百。此举如火上浇油，一下子激怒了彰化县的大地主们。他们决心要搞死李嘉棠。密谋很久，一个中途邀击的阴谋出笼了。这是个什么样的阴谋呢？

公元 1888 年 10 月 4 日，施家珍等先怂恿一批死党抢劫了彰化县鹿港的盐馆。李嘉棠得讯后带领 20 余人到鹿港查究。刚出彰化县城不远，死党中的许得龙等就率众拦击刺杀。李嘉棠好不容易脱身，在心腹的引导下逃到鹿港施家珍家。施家珍敞开家门，派人告密，许得龙等暴徒杀上门来，使李嘉棠"几不免"。

彰化的庄豪们见李嘉棠两次脱险,就找到施九缎,请他出来领导暴动。施九缎就立起神舆,与庄豪们共同组织了"顺天会",自称"顺天会主"。他们裂布为旗,上书"官激民变"、"索焚丈单"。

公元1888年10月5日(清光绪十四年九月初一日),施九缎率数千人围攻彰化县城。他们先把南北电报线毁坏;接着派人在嘉义通往彰化县的要道口设下伏军,把率少量军队前来声援的提督朱焕明一行人全部杀死,头颅割下示众;然后占领了彰化县城附近的八卦山,架起大炮,准备轰毁县署。李嘉棠关闭城门,动员了城内的官吏、衙役、丈员上城守卫,并写信给彰化县属各堡绅董率丁壮前来援救。书写者显然是施家珍的死党,故意将"每堡集丁壮二百人驰救县城",写成"每堡集丁壮二人驰救县城"。各堡绅董们对此困惑不解,没有一人敢来救援。李嘉棠见围城之势甚急,各路援军不见驰来,想自杀了却此事,被安徽来的清丈人员劝止。

这时,施家珍和郑荣等场面上的人开始出场了。他们从城外写信给城内绅士廪生吴景韩、教官周长庚,约定在马六庄会晤面商此事。会晤时,施家珍等提出,只要李嘉棠和安徽来的清丈人员把丈田图册送到施九缎大营处焚毁,并对抢劫鹿港盐馆、围攻彰化县城的人不追究责任,他们可担保城围立刻可解。李嘉棠和安徽来的清丈人员不愧为汉子。他们严词拒绝了这番"好意"。10月10日,同是彰化大租户的林朝栋深明大义,奉刘铭传之命率栋军800余人赶来支援,彰化县城围被解。经过一番激战,反清赋改革的暴徒们作鸟兽散。官府派兵四处兜剿,并令施家珍交出此次事变的首犯施九缎、王焕等。施家珍暗地里通知潜藏在浸山庄的施九缎等人,"令其远飏",然后才装模作样地引兵去"进剿",结果可想而知,"仅有空屋数椽"。10月19日刘铭传派布政使沈应奎、台东直隶州知州吴本杰和澎湖镇总兵吴宏洛率大军到达彰化,究查激变原因。

沈应奎经过调查研究后向刘铭传禀报结果。其内容主要有四:其一,李嘉棠自到彰化,因该县民气强悍,想以严刑峻法遏制其风,一切词讼多以己意断结,不能悉得其平,舆情因而不洽,与当地庄豪绅士关系搞得太僵。其二,李嘉棠对清赋抓得颇紧,手下清丈人员也很得力。清丈委员下乡,经彻查后,没有如同彰化县庄豪们所说的"需索实据"即索贿舞弊根据,基本上是按照清赋总局规定的条例

在办理的。其三，施九缎事变发生前，李嘉棠就早有耳闻。但郑荣、施家珍、施藻修等人在李氏查问时，力保施九缎等人为"善人"，"断无不法情事"。事变前彰化一带形势危殆，李嘉棠未能及时汇报。其四，鹿港一带施姓族大丁多。训导施家珍、廪生施藻修及前广东新兴县知县蔡德芳等人向来把持这一带公事。公元1887年全台开办百货厘金，南北各路商民一律遵办。唯有鹿港一带经施、蔡示意，拒不遵办达一年之久。清赋初期，蔡麟祥因办事不力而被调开，施、蔡等庄豪坚留不成，心怀怨忿。在事变发生过程中要挟焚毁丈单，事变后又暗通消息，使官府捕拿首犯扑空。

根据这个报告，刘铭传以李嘉棠以"一味徇隐，希图粉饰，贻误非浅"罪，撤掉他知县职务，暂由朱公纯代理，后来又任命罗东之为彰化知县，继续办理清赋事宜。鹿港游击郑荣以附合施家珍等人罪予以革职。训导施家珍、廪生施藻修以"主使施九缎等抗官谋逆围城戕官"罪予以斥革，严拿讯办。事变主要罪犯先后捉拿归案，只有施九缎和施家珍逃之夭夭。李嘉棠把公务交代给朱公纯后就怅怅地离开彰化。中国历次改革都必然有人要为之作出牺牲，他可以说是其中的牺牲品之一。彰化县清赋经此次动乱后获得成功。

到公元1890年1月，全台清赋工作全部完成。清赋是刘铭传在台湾进行产业开发具有决定意义的一步。它的成功，既使全台入册的田亩数激增，达到477.4万余亩，比旧额增加400万亩；也使地赋银额增加到97万余元，同过去的40余万元的地赋相比，多出了57万余元。加上其他各项收入，台湾省的全年财政收入由过去的90余万两增加到300余万两，最高时达到450多万两，兴办新式企业的经济来源有了保证。更为重要的是，清赋把土地权利关系确定下来，因而调动了小租户经营农副专业的积极性，促使了资本主义经营形式在农业上大规模出现。废除了大租户的土地业主权并给予他们补偿，也迫使他们将土地资本转向工商业，促成了土地资本向产业资本的转化。

还在刘铭传处理彰化事变之前，一天，抚垦帮办大臣林维源率一干人来到爵帅府，一见到刘铭传，他们就痛哭流涕。他们为什么痛哭流涕？刘铭传又如何使他们破涕为笑的？欲知后事如何，请看下集：《近代开发》。

十四 近代开发

上集我们说到，刘铭传在着手处理彰化事变之前，抚垦帮办大臣林维源率一干人来到爵帅府，一见到刘铭传就痛哭流涕。刘铭传忙起身相迎，和颜悦色地问："林大人，你们有何伤心的事？说出来，本帅一定秉公办理。"

原来，跟着林维源来的一干人都是台北方面的大租户也就是大地主。清赋开始之后，刘铭传初意一刀两断，禁止大租，确定以小租户为业主，并让他们承担国家正供。这就是说废除了大租户的土地业主权，直接触犯了台湾大地主的利益，因而遭到了大租户明里暗里的反抗。彰化事变就是激烈反抗的典型事例，被刘铭传斥责为"逆天"。台北的大租户们见刘帅清赋意志坚决，就来到同是大租户的林维源处哭诉。林维源见他们哭得伤心，也跟着哭了起来，于是就一路哭到了爵帅府。刘铭传了解了哭诉的原因后，沉思了一会儿，叫他们明天来等回话。他们等到的是什么回话呢？

第二天，林维源带着一干人来了，看到了李春生这个大商人也坐在爵帅府内。刘铭传进入大厅，开始发话了："维源，我与布政使沈应奎大人和台北知府雷其达大人商议好了，决定以补偿和赎买的办法善待你们这批大租户。尽量减少你们的损失。这个办法叫'减四留六'。土地所有权不再归你们大租户了，改归小租户。国家的正供你们不再交了，而是由小租户完纳。你们也拿一定的额租，额租按上年标准作为十成，以四成贴给小租户，保留六成给你们。你们可以将这笔收入投资新政事业。今天我请来了李春生。春生愿和你林大人合作,在商务繁荣的大稻埕建两条街,名字我都想好了,一条叫建昌街,一条叫千秋街。如此,一来能刷新台北府城的市容,二来可以给你们带来巨大收入,须知将来门面租金就是一笔可观的收入,更不要说街两边的房产了。"

林维源等大租户们听到刘帅话,立刻茅塞顿开。他们破涕为笑,连声说:"爵帅实在是个有办法的人。我等佩服得五体投地。"不久,千秋、建昌两条街建成,"略仿西式,为民倡,洋商多僦此居之"。这是台北市有洋楼建筑的开端。其他的大租户也纷纷仿照,在台北府城内铺设建成了石坊、西门、新起等街道,台北府城市容面目为之一新。在刘铭传的大力倡导下,林维源和李春生等干脆成立了一个"兴市公司",招募了江苏、浙江、安徽的富绅巨商来台投资。他们在台北府城破天荒地安置了电灯,这在中国是绝无仅有的,在世界上也是少见的。当时台北老百姓对这一新奇的东西称颂异常,曾编了一首歌谣唱道:"钦差设景点电火,电火点来较光月。"钦差指的是刘钦差、刘铭传;"电火点来较光月"就是形容电灯比月亮还要光明。电灯靠烧煤、烧油发电,耗费较高。刘铭传听取有关专家意见后,就决定充分利用台湾的水资源,于是请来了中外技术人员筹设了一座龟山水力发电所,计划用淡水河支流南势溪水流落差发电,发电量达 750 千瓦。这在近代中国史上堪称第一。可惜未有完工,即遭到台湾被割让的命运,落到了日本人的手中。

紧跟着,台北府城内安置了自来水设备,笼头一开,清水汩汩流出。这是刘铭传请来日本人开凿水井,以半机械化的设备向各商家民户供应清洁用水,台北人称为"自来水"。电话也安装起来了,话筒一拿,声音清晰传来。这是刘铭传请英国技术人员传播的新工艺,台北人称为"自来声"。清道局也设立起来,它负责清扫处理台北府城内的垃圾。台北的大稻埕铁桥也在公元 1887 年完工,"上利行人,下通船舶,设扣为纽,启闭自如",成为淡水河两岸的一道风景线。刘铭传还索性叫林维源、李春生等人到日本引进当时在世界上堪称先进的"东洋车"行驶在台北的马路上。台北府城一时"冠盖云集,辐辏环聚,鳞次栉比",迅速成为一个清洁、整齐、商务繁盛的近代化城市。时人称之为"东方的巴黎城","中国的小上海"。

林朝栋和黄南球二人也是大租户。清赋之后,原先的土地权没有了。刘铭传就对黄南球说："蕴轩（黄南球的字）呀，你是淡水南庄人。南庄靠近内山，那里未开垦的土地太多。我看你深明大义，支持清赋，人缘也不错，更有经商的魄力和能力，何不成立一个林业公司？"一句话提醒了黄南球，他当即打报告给台北府，成立了一个"南球林业公司"，在南坪、大湖、狮潭纵横数十里处"启田树艺"，也就是垦田种树，兼搞樟脑业。汉族和高山族居民闻讯，前来投奔黄南球的人很多，据书上记载，"至者千家"。结果，公司种植的树木不仅卖给台湾铁路公司作枕木，而且"售之海外，产乃日殖"，黄南球成为台湾的商界巨子。

彰化大租户林朝栋是刘铭传极为赏识的本土人士。他是殉难福建提督林文察的儿子。在抗法保台时，他就急公好义，毁家纾难，独备银饷，募勇 500 人参与台湾保卫战。刘铭传当时就表扬他："忠荩之裔，久孚物望；统率土勇，甫临大敌，即能督战有功，实属忠义勇敢。"刘铭传在抚番上推行新政策，不少官绅多"疑惮"，林朝栋和沈应奎力排众议，支持刘铭传。清赋之后，他失去了原先在彰化的土地权，不仅没有怨言，反而在彰化发生暴乱之后，无条件遵照爵帅之令，率军从台北赶到彰化，一举击溃了八卦山上准备轰城的闹事者。朝栋上有老母，下有子女，弟妹们也比较多，一时生活陷入拮据状态。刘铭传在探询他家之后，曾深情地对林朝栋母亲说："荫堂（林朝栋的字）知有国，而不知有家，其将何以遗子孙乎？"他表示他不能无动于衷，他决意要给他们家指出一条正当的致富之路。刘铭传给林家指出一条什么致富路呢？

一天，他介绍一个名叫吴福老的人同林朝栋兄弟见面。吴福老是福建泉州府同安县赴台的茶商，有丰富的种茶和制茶经验。刘铭传对他们说："台湾从福建泉州府安溪县引进乌龙茶苗已有 20 余年历史，一度成为重要的输出品，远销欧美。但长期以来茶农不注意良种，生产也不得法，茶叶质量下降很快。再加上一些奸商暗掺劣茶、以次充好，台茶在国际市场上信誉低落。沈应奎大人告诉我，台茶出口量近几年已经接近零。我决意整顿开发。请你们来，就是想要你们合作。"林朝栋和吴福老忙问："爵帅，我们怎么合作？"刘铭传说："我请人考察了，乾溪万斗六山土质颇好，适宜种好茶。你们二人可合资成立一个公司，专门生产优质的乌龙茶和包种茶。"

林朝栋就叫弟弟和吴福老合作，成立了一个"林合"公司，率人在乾溪万斗六山辟出一大片茶园，上挂"林合"公司招牌，引来优良的茶叶品种，并托李彤恩从印度请来一位制茶大师傅，采用先进的种植和焙制技术，带动了台湾茶叶生产质量上了一个大台阶。

与此同时，刘铭传和沈应奎亲临台北大稻埕，把所有的茶商喊来开会。会议议决成立一个"永和兴"茶郊，制订了章程。章程指出："茶业系与洋商之贸易，宜作规约，垂丕永远，表忠信于国外，图东瀛之丰盛。我淡水茶业日昌，商船日繁，如绿乳浮鸥，为泰西诸国所贵重；如琼花凝碗，其名远驰于印度洋面。今物产滋丰，财源益开。然人多善恶不一，物盛弊害渐生。或以伪物冒名品之名，以谋其利；或混合粉末，而图射利，遂至误及大局。爰集同业者，共议规约，设禁例，一新旧习，毋贻图利之诮；同心共济，冀杜私利之端；名曰永和，茶业兴隆之佳兆也。"在章程订立后，还专门设立了一个以吴福老、王安定、张古魁等人组成的茶叶检验所，对出口茶叶"认真较验"。台茶的信誉重新回升。1889 年一年内就出口 12455 担，比1881 年激增了 33 倍之多。

在刘铭传爵帅府文案上摆了一份他与沈应奎、李彤恩等众多人士议定的台湾开发进程图表，每完成一项，他都喜欢用红笔画上一个勾。画上红勾的第一项是公元 1885 年底在台北创办的台湾军器局，局下设立一个约有 43200 平方米的机器厂，是记名提督和淡水知县李嘉棠督办成功的。军器局除承担枪炮子弹生产外，还兼办生产切锯林木的机器——伐木机和铁路客车和货车的建造和修理。

画上红勾的第二项是公元 1886 年在台北设立电报总局，由张维卿担任总办。公元 1887 年 12 月两条海底电缆完工。一条由沪尾海口到福州川石山也就是闽江口的芭蕉岛，全长 434 里，另一条由台南的安平海口到澎湖的妈宫港，全长 196 里。公元 1888 年 3月，陆路电报线全线竣工。它起自沪尾和基隆两海口，经台北、台湾、台南 3 府城，到达台南安平海口，全长 1055 里。全台设澎湖、彰化、沪尾、基隆、台南、安平、旗后、新竹、嘉义、苗栗、云林等电报分局11 处。这一开发，使台湾与祖国大陆和世界各地讯息瞬息相通。

画上红勾的第三项是公元 1888 年 1 月在台北创设了邮政总局，直接归巡抚衙门管辖，总局仿照欧洲邮政章程办理台湾邮政事务,旧式驿站全部裁撤完毕。全台南北共设邮政分局(站)43个,于公元1888年2月22日正式对外营业,总局自行印制邮票,以国产薄纸制成。图样是上绘一龙,表示大清帝国的国徽,下绘一马,象征邮传。邮票分两种,一种是官用票,上面印有"台湾邮票"篆书字样;一种是民用邮票,上面印有"邮政商票"隶书字样。邮费按邮件重量和路程远近计算,一次付清。新的邮政局与原驿站根本不同的是为私人收寄信件和包裹。对台湾与祖国大陆之间的函件,台湾邮局则与上海、福州、厦门等地海关邮政部门挂钩,由台湾特备"飞捷"、"南通"两邮轮,定期往来,投递转送。这时,祖国大陆的邮政事业正由海关试办,尚未获清廷批准正式开

台湾铁路

设,而刘铭传却在台湾创设了较为完备的邮政体系,开创了中国自办民用公共事业的先例。

接着轮船公司、伐木局、煤务局、煤油局、铁路局都被刘铭传画上了红勾。到公元1890年,刘铭传所开发设置的新式民用企业每年收入已达100余万海关两,占台湾全年总收入的25.4%,同其他项目相比,居领先的地位。这表明,在台湾的国民经济收入中,资本主义成分已占据相当比重,资本主义性质的近代产业开发取得了突飞猛进的发展。诚如德国《台湾岛史》的作者路德维希·里斯所说:"刘铭传努力把近世工艺的恩泽,移植于这一中国东方的孤岛之上。"

刘铭传还把近代开发的眼光投入到新式人才培养上。那时台湾一班文人听说刘铭传兼任学政,就纷纷议论道:刘爵帅是一个武人出身,台湾的文运要遭难了。比如刘铭传主持考试录取的秀才陈廷植的父亲陈儒林就对他的儿子说:廷植啊,刘铭传今年从台南视察回台北主考,他是武人,不知要怎样搞呢?大有怀疑口吻。结果

那年中式的人都是当时台湾的优秀人才。台湾的文人们怀疑逐渐消除，也没有什么话可说。

在刘铭传看来，"科名愚暗，贻害苍生"，那些靠读"四书""五经"、做八股文上来的科举人员，不能"经世致用"，在台湾近代开发上基本是废物。但作为一省的巡抚兼学政，他是无权废止科举制的。于是，他想了数种方法进行人才开发和培养新式人才。

一是在八股考试中注进新内容。一次，刘铭传主持院考，也就是进秀才的考试。考试题目由刘爵帅亲自出，台北全部来参加考试的有 2000 多个童生。院考分文题和诗题两种。文章题目就是清赋论，大家对此还知道些眉目，便按照破题、承题、起讲、提股、虚股、中股、后比、大结等 8 段招式写成八股文。而诗题一公布，绝大多数童生都傻了眼，坐在考棚内发呆。他们为什么发呆呢？

原来诗题叫《德律风有感》。什么德律风？从爹妈生下来之后就没听过这个名词，在八股学校内更是闻所未闻。童生们垂头丧气地出了考棚。官府留下他们，说刘巡抚 3 天以后要来训话。

3 天之后，刘巡抚来了。在给新秀才簪戴金花之后，他笑着说："未中式的不要垂头丧气。诗题《德律风有感》中的德律风就是眼下你们在台北府城看到的电话，它的英文叫 telephone，德律风就是他的译音。当今中外通商，风气日开，海防洋务，桑梓百业，现在需要经世之才。而精通西学，非讲求各国语言文字不可。本帅已年近花甲，尚在讲求。你们年纪轻轻，就没有任何理由不讲求。我打算培植新风气，在台湾就地育才。"刘铭传用什么办法培植新风气呢？

这就是他的第二个办法：设立新学堂。公元 1887 年 3 月，一座西学堂在台北大稻埕六馆街（今台北园环附近）开办了。学校聘请侨居外国多年的中国留学生张尔诚担任总监，另外两名留学生任助教。同时还聘请丹麦人辖治臣和英国人普茂林担任教习，又从大陆内地聘请中国教习 4 名，分授中国经史子集。西学堂设有英文、法文、地理、历史、算术、测绘、理化、汉文等课程。首批招生 20 余人，尽是"年轻质美之士"。学堂直属巡抚衙门。外籍教习每人每月薪俸库银 252 两，中国教习每人每月薪俸库银 36 两。学生由附生考入者给银 8 两；由童生考入者，每月给银 5.7 两；幼童每月给银 3.8两。学生坐具及随时应用的西洋图书等，均由学堂"据实开支"。学生在校受到严格训练，每日"以巳、午、未、申四时（即上午9时到下午5时）专心西学，早晚则由汉教习督课国文。遇西国星期，设试论策。每季委员会会同洋教习考授一次，别其差等，分行奖戒。或有不堪造就者，随时撤退补更"。他还于公元1890年在台北大稻埕建昌街电报总局内设立电报学堂，第一期招生10名，对象是台湾西学堂毕业生以及福建船政局的电信生，培养目标是电报司报手和制器手，开启了台湾培养专门人才之先河。接着，他又筹设日学堂，目的是培养一批能阅读翻译日文政治、经济、军事情报资料的专门人才，以研究张牙舞爪的日本帝国的动向。经刘铭传这么一提倡一创设，用他本人的话来说：台湾"一时闻风兴起，胶庠（学校）俊秀，接踵而来"。他经常亲莅学堂检查学生学业。回去后，他不无得意地给清廷打报告说："台地现办机器、制造、煤矿、铁路，将来亦不患任使无才。"

刘铭传在台湾的近代人才开发，还表现在他不拘一格、不分畛域、不计门户，大力选拔招徕有用人才上。在担任首届台湾巡抚前后，刘铭传就叫衙门贴出布告，指出：凡天文、算学、水利、地舆、格物、制器、公法条约、语言文字、理财、兵械、炮船、矿学、电气诸门学科中，有全通或精通一门者，均会"按其学科，广其登进"，而不必问其科名和资历。一时，海内外众多人士聚集台湾。如原贵州布政使沈应奎，有胆略，理财能力甚强，曾受到清廷"褫职，永不叙用"的处分。公元1884年，属于湘军系统的沈氏奉左宗棠之命，只身冒险渡台，巡察团练。近岸20里，突遭法船炮击，船主大哭。唯沈应奎坚坐不动，镇静从容，最后终于脱险来到台北。刘铭传闻之大奇，又与他多次交谈，认为他是一个理财能手，就上疏清廷破格赏还他原官衔。清廷不允许，"复力举"，还是不准。但刘铭传惜才如命，不顾上下左右反对，甘冒风险，让他担任代理布政使。沈应奎也实心实力、任劳任怨，佐助刘铭传筹划设防、清赋、抚垦、建省等新政，"台湾财政因之日进"。这时，刘铭传又奏言"全台裁勇留军，饷需屡绌，扶危济困，实赖应奎"，并说："臣不谙吏治，清赋要政，查户为先，皆应奎一人所规划。"最后终于使清廷赏还沈应奎原官衔，任命他为福建台湾省藩台。又如陈鸣志，曾担任过刘璈的部下。刘铭传经过考察，认为他"军务熟悉，谨干廉明"。在刘璈案发生后，刘氏密荐陈鸣志担任台湾道。有人向刘建言：陈鸣志是湖南人，"湘人门户重，台南将吏皆湘人，且将掩覆之也"。刘铭传说，"无党无私，唯举贤用才，有裨国事"，坚持让陈担任台湾道。陈鸣志到任后，果不负深望，对吏治大加整顿，对新政大力推行。再如湘系台南副将张兆连，他开始依附刘璈，与刘铭传格格不入。刘铭传不介意，也不为湘淮畛域挟嫌报复。在张兆连抚番开山诸事取得成就后，他力保他担任台东直隶州驻军副将，委以重权。其他将军将领有才者均能得到重用，因此，"湘霆诸将士，无不竭肝胆效死于公矣"。至于李彤恩，如《力保彤恩》中所说，刘铭传为保护和任用这一台湾"奇才"，曾达到了"独请同罪雪其冤"的地步。刘铭传在台湾进行近代人才开发，还有一个绝招。这是个什么绝招呢？

这个绝招就是"借才异国"，为台湾树人。他所借之才，一是外国籍的教师和工程技术人员，一个是身居"异国"的华侨、商人、知识分子和具有专业技术的工人。在台湾经济开发时，刘铭传曾聘请外籍人士帮助他实施新政计划。如西学堂、铁路总局、煤务局、水电站、自来水公司、电灯公司等都聘用了外籍人才。其目的非常明确："聘延教习，就地育才；借才异国，为台树人。"为防止聘延外籍人而受制于人的弊病发生。刘铭传采取了两条防范措施。一是新式民用企业和西学堂里的外籍人，一般被安排担任技术性和教学性职务，负主要责任的还是懂行的中国人。二是在西学堂中，刘铭传对学生要求很严，不准他们"尽蹈外洋习气，致堕偏诐"。

刘铭传抚台期间，曾做过周密勘查，深知台湾汉族居民中很多亲朋好友因故流寓海外，成为华侨。华侨不少人在当地经商成为巨富，也有不少人苦学成为卓有学识的专门人才。但清廷长期以来把华侨看作"化外之民"，实行"严防坚禁"的方针，致使他们空怀壮志，报国无门。刘铭传一改以往的错误方针，在华侨问题上，推行两条新政策。

第一是"竭力鼓励侨商来台经商"，以其资财和经商能力帮助台湾进行经济开发。台湾的轮船公司、铁路公司等就是侨商经营的结果。

第二是竭力鼓励华侨中的教育家、技术专家等专门人才赴台帮助建设新政。为此，他曾嘱令一些与海外华侨有密切关系的官员士绅,通过写信、专程造访等形式,转达台湾官府竭力鼓励之意。他还饬令李彤恩、张鸿禄在南洋招商过程中,宣传台湾的近代产业开发计划和求才若渴的诚意。为解决华侨渡海赴台困难,刘铭传从拮据的台湾地方财政中抽出相当一部分款项作为他们的旅费。还下令豁免船税,以利招揽人才。

总之,由于刘铭传的人才开发方针和目的较为明确,措施也较为得当,所以台湾不仅"教育为之一新,而且人才之盛,勃勃蓬蓬"。

一天,刘铭传在爵帅府正用红笔指向"台湾铁路"一栏时,李彤恩来到帅府。刘铭传笑着说:"真是想到曹操,曹操就到。你……"未等他话说完,李彤恩就答道:"爵帅,报告您一件大喜事,您要请的人都已到达台北府城。"刘铭传要请的是什么人,而且作为一件大喜事看待,欲知后事如何,请看下集:《兴办铁路》。

十五 兴办铁路

上集我们说到李彤恩到爵帅府报告一个喜讯,说刘巡抚请来的人已到达台北。刘铭传激动地站起来,连忙说:"请。"

不一会儿,两个外国人和3个中国人进入爵帅府大厅。

3个中国人都是华侨,他们分别叫陈新泰、王广余和张家德。其中陈新泰是新加坡的侨商,王广余是越南西贡的侨商;而张家德,祖籍广东顺德县,侨居美国多年,哈佛大学桥梁工程系的高材生。两个外国人,一个叫毕克尔,是德国铁路公司的高级职员。另一个是英国人,叫马礼逊,曾在英国铁路公司内长期担任勘察路线工作。

当天晚上,刘铭传举行宴会,宴请了中外客人。林维源、张鸿禄和李彤恩等作陪。只见刘铭传起身举杯说道:"新泰和广余呀,你们是台湾的功臣啊,本帅今晚第一杯酒就敬你们二位。"刘铭传为什么说陈新泰和王广余是功臣,并把第一杯酒敬给他们呢?

原来,抗法保台之后,刘铭传就想在台湾实现自己多年的夙愿——兴修铁路。消息传开,美国旗昌洋行就派了一个名叫史密德的人赶到台湾,声言旗昌洋行愿意承办台湾铁路,条件是铁路建成,洋行参与管理,享有用人权和理财权,当即被刘铭传婉言谢绝。但兴修铁路需要一笔为数不小的钱,从哪里筹集呢?刘铭传就叫李彤恩和张鸿禄去南洋各国华侨商人处想想办法。新加坡的陈新泰和西贡的王广余当即向李张二位大人奉献出两条切实可行的计策:

一是招募商款100万两白银,发行铁路股票,以其得利摊还母息,则不动公款,而铁路可成。

第二条就是利用李、张二位大人在南洋各国招募的 36 万两白银,到英国哈汤造船厂购买先进的轮船两只,开设一轮船公司,在海峡两岸和南洋之间搞航运,"以航运所得,贴补筑路之不足"。他们还拿出一个《台湾商办铁路章程》,8 条内容条条都具有可操作性。刘铭传听李、张二人汇报后,不禁拍案叫绝:"诚计之善者也!"就是说陈、王二人的计策实在是好啊。这也是第一杯酒敬给二人的原因。

刘铭传又举杯对张家德说:"你在美国侨居多年,造桥技术精湛。听说你早就主张中国要修铁路。因此,宁可放弃美国的丰厚薪水,也要到中国为台湾铁路铺设桥梁,精神实在可嘉。这第二杯酒就敬你。"两人碰杯喝干之后,刘铭传继续说:"家德呀,你祖籍广东顺德。你的到来使我想起了另外一个广东人,也是一个在国外待了多年的广东人。人与人不一样呀,那个广东人说出的话散发出棺材内尸体的腐烂味。"刘铭传所说的那个广东人是谁?为什么他指责那个广东人说出的话散发出尸体的腐烂味?

那个广东人的名字叫刘锡鸿,字云生,广东番禺人,曾担任过刑部员外郎,光绪初年被派到英国和法国担任副大使,经常写小报告告正大使洋务派官员郭嵩焘的状。处处与郭作对。"嵩焘不能堪,乞病归。"刘锡鸿也回国,担任光禄大夫,掌管皇帝祭祀时所用的食物及礼仪。他自称"爱国派",遇到"西"字就反对。早在同治年间,他就反对仿造西洋船炮,反对以西式方法训练军队,反对兴办西式学堂,反对发展新式工商企业。朝廷军机处说:刘锡鸿,你逢西必反,就派你到英国和法国去担任副大使,待遇丰厚。这一下,他不反了,坐着西式轮船和西式铁路在英国和法国四处游逛,归国时携带大批西式奢侈品回家享用。

公元 1880 年 12 月,针对沙俄挑起新疆伊犁事件并声言修筑铁路到达中国新疆和黑龙江边境,刘铭传上了一道《筹造铁路以图自强折》,建言朝廷赶快修筑两条铁路干线,一条是由江西清江(今樟树市)经山东至北京,另一条由汉口经河南至北京。然后再东西延伸,东通盛京,西通甘肃。奏折一上,满朝的顽固派即教条派们像群犬吠月似的咬了过来。其中反对最力的是刘锡鸿、王家璧和张家骧。张家骧和王家璧,用刘铭传的话说,不奇怪,他们本来就是"冬

烘先生"，昏庸愚昧。奇怪的是刘锡鸿，刚从国外回来不久，照理说应该得风气之先，但他反对在中国兴造铁路，所持的理由有四：一是铁路为中国开辟所未闻，祖宗所未创，兴造铁路是"破坏列祖列宗之成法以乱天下"。二是兴造铁路势必破坏地脉风水，"触怒山川之神"。三是兴造铁路是帮助敌人，即"资敌"，"似为外国谋，非为我朝廷谋"。四是针对慈禧太后和光绪皇帝问他在国外不也是坐了火车和轮船的问题，他竟说："铁路适合西方，而不适合中国。吾睹电竿而伤心，闻铁路而掩耳。"刘铭传曾对他们义正词严地反驳道："不知人事随天道为变迁，国政即随人心为旋转。今之人既非上古先朝之人，今之政犹是上古先朝之政？使事事绳以成例，则井田之制自古称良，弧矢之威本朝独擅，行之今日，庸有济乎？一旦变生仓卒，和战两穷，其将何以自立？"但由于反对的人太多，反对的力度太强，刘铭传的这一奏折被搁置，一误就是6年。时人评论：刘氏建议"张家骧阻之于前，刘锡鸿扼之于后，千秋大计，竟格不行"。

张家德对刘铭传说："爵帅，你所说的人可是刘锡鸿？"刘铭传笑着点了点头！"就是他。"张家德说："这段历史，我在美国听过。我还听说光绪七年（公元1881年），他在阻止您兴办铁路后，又上折参劾支持您的李鸿章大人，说他跋扈不臣，俨然帝制，结果以'妄言'获罪被革职查办。但不管怎么说，您是大清帝国官员中倡议在大陆兴办主干铁路的第一人，你将会被载入史册的。而刘锡鸿这班顽固派们也会被载入史册，不过是钉在耻辱柱上。"

刘铭传起身，第三次举杯。他对毕克尔和马礼逊说："这第三杯酒敬你们二位老外，中华民族向来有借才异国的胸怀和魄力。你们二位都是专家，台湾铁路的兴修技术问题，还要仰仗你们。毕克尔，我正式委任您为台湾铁路监督，担任监督和设计工作。马礼逊，您被任命为稽查路线主任，负责勘探测量路线。李彤恩大人，请把委任状取来。"

李彤恩将早已填写好的委任状郑重地递到两位老外手上，又将路桥监督的委任状呈送给张家德。刘铭传随即宣布宴会结束，并告知大家：明天是光绪十三年五月二十二日（公元1887年7月12日），请文武百官和各位嘉宾到台北大稻埕大桥头集合。刘铭传要大家到大桥头集合是干什么呢？

公元 1887 年 7 月 12 日,距离清廷批准刘铭传在台湾兴修铁路的第三天早上,台北天气晴朗,阳光普照。刘铭传率领着嘉宾和文武百官乘轿抵达台北大稻埕的大桥头,也就是今日台北市延平北路三段。台北基隆间铁路破土典礼即将举行。典礼场所布置隆重庄严,刘字旌旗迎风招展,成群百姓站在一边围观。亲兵们簇拥着刘巡抚莅临会场。典礼由沈应奎布政使主持,首先由刘朝干报告施工情况。然后,刘铭传起身向参加破土典礼的中外来宾致词。他说:"铁路为国家血脉。富强至计,舍此莫由。本帅曾于光绪六年条陈具奏,其时风气未开,举朝疑议。书生谋国,从古类然,可胜太息。几个月前,本帅又上《拟修铁路创办商务折》,力陈兴办铁路,有利于台湾商务勃兴,有利于台湾海防巩固,有利于台湾建省,有利于台湾开发,终获皇太后和皇上批准。这是台湾的幸事,也是中国的幸事。今逢黄道吉日,先为台北基隆间铁路举行破土典礼,它也是为台湾铁路全线路的奠基典礼。"致词完毕,刘铭传就步行到破土区,拿着红绸布绕着的铁铲开挖了一小块土块,并以祭品祝祷天地,一时,锣鼓声与鞭炮声齐鸣,响彻云霄,典礼即告完毕。

马礼逊和毕克尔在典礼完毕后即展开路线踏勘事宜。这时是公元 1887 年 7 月中旬,台北北部天气十分凉爽。台北至基隆一带桃红柳绿,沿途的树林里充盈着清新的气息,微风泛起了湖水的涟漪,在强烈的阳光下,闪烁着蓝色的珠光。外国工程师们不禁为宝岛美丽的风光而惊叹不已。"beautiful(美丽)"和"wonderful(奇妙)"喊得不停,使路线踏勘倍增情调。

踏勘路线很快经刘铭传批准。一是台北基隆路线:由台北大桥头经锡口、南港、水返脚、八堵至基隆海岸港西街,全长 29 公里;另一条是台北新竹铁路线:由台北大桥头经海山口、打类坑、龟仑岭、艋舺(万华)、枋桥街(板桥)、树林、莺歌石、桃仔园街(桃园)、中坜、头重溪(杨梅)、大湖口(湖口)、凤山琦至新竹,全长 78 公里。

路线踏勘完毕就是筑路。按照《章程》规定,官府派勇丁帮助由美国归国的华侨工人和福建招募来的工人兴造。刘朝干叫淮军余得昌带 4 营勇丁担负工役。就在施工之前,一道上谕从京城飞来,要刘氏等候一个人来后再施工。

来人是钦命浙江巴州总兵,一个被皇帝赐爵号强勇巴图鲁的满族人,他来担任监修。按照刘铭传的安排,台湾铁路首任督办(局长)由林维源担任,3个月后,林氏因抚垦事务忙碌,刘铭传就委任道员杨宗瀚担任第二任督办(局长)。杨氏干了一年多时间,因积劳生病请假归里休息。刘铭传迫不得已,亲自担任督办。几个月后,他任命族孙刘朝干接替杨宗瀚,担任了台湾铁路的第三任督办(局长)。如今满族大人来了,台湾铁路局原先组成的施工领导班子就由这名满族人牵头。这位总兵大人不相信机械仪器,也不相信外籍总工程师和工程监督,所测定的路线只凭他的目力,致使原定施工进度一再受到阻扰。加上路线所经之处,有的是坟墓、有的是民房,有的是庙宇,地方人士不愿拆迁者就向这位总兵大人行贿,他照受不误,然后随意改变原定路线位置,更有人把测量路线所放木桩拔走,总兵大人也不加追问,故所铺铁路曲线半径一再缩小,最小者仅为100公尺。外国技师认为不可理喻,纷纷求去,在起初施工的两年内五易外籍工程师,施工进展缓慢,18个月时间仅铺设8里。刘铭传勃然大怒,立即打报告要求撤换这位监修。但清廷慈禧太后只同意撤换这位总兵大人,由满族人担任监修的模式不准改变。于是,另一位强勇巴图鲁来到了台湾铁路局。施工继续进行,进展还顺利。但筑至狮球岭时遇到了重大阻碍,差点有搁浅的危险。这是什么原因呢?

原来狮球岭山高岭陡,路险石坚,一望无际的大山挡住筑路通道,必须开凿隧道。在当时尚未进入机械化、电气化的时代,开凿隧道谈何容易?屡次失利,使路工们"死者动以数计"。当时的上海《申报》曾作文慨叹:"虫沙渺渺无非战士之魂,云水迢迢谁返故乡之槎,是亦可哀也。"为此,不少人有打退堂鼓的思想,刘铭传闻讯后立刻赶到现场,并在这里扎营安寨。他与中外工程师共商失利的原因,研讨改进措施。一个"两路进击,中间会合"的大胆想法被刘铭传采纳。刘铭传乃发布命令,由马礼逊踏勘准两路进击的点和面;兵勇两路凿隧道者,凡多开一米者,晋升一级,赏银一两;路工谁多开一米者,赏银一两,归家路费由官府全部承担。一时人心振发,精神抖擞,长达574米的基隆狮球岭隧道终于开凿成功。公元1891年台北至基隆段铁路竣工。竣工前,刘铭传应约特地在狮球岭隧道南坑门上端题"旷宇天开"四个大字,并题联如下:

十五年生面独开，羽毂飙轮，从此康庄通海屿，

三百丈岩腰新辟，云梯石栈，居然人力胜神工。

下款署太子少保福建台湾巡抚一等男爵刘铭传建造，钦命浙江巴州总镇强勇巴图鲁监修。"旷宇天开"上款题"光绪岁次己丑仲冬立"，可知此联题于公元 1889 年 11 月。狮球岭隧道到公元 1898 年(清光绪二十四年)停用，另在它的左边 1 公里处新建了一个竹仔岭隧道，全长 541 米。这就是今日基隆至八堵间的隧道。

台北至新竹一路，沿途溪涧纵横，水流湍急，峦壑倚伏，土地松浮，无论筑路还是建桥都困难重重。其中以淡水溪架桥施工最为艰巨。打入的木桩桥墩，曾数次被激流冲垮。刘铭传从狮球岭离开后即来到这里扎下营来。他对皱着眉头的张家德讲了隋代李春创建河北赵州桥的故事，讲了宋代福建泉州创建的跨江略海的洛阳桥的故事，然后建议他不妨用中西贯通的办法兴造台北至新竹的路桥。一句话提醒了张家德，使他胸中豁然大开。不到几年时间，不畏艰难、竭尽才智的张家德就在这条铁路线上架设成功中西合璧的大小桥梁 74 座。其中被称为"巨桥"的有 4 座，分别是长 685 余尺的红毛田溪桥、长 621 余尺的凤山崎溪桥、长 564 尺的豆仔埔溪桥和长 1389 余尺的淡水溪桥。淡水溪桥堪称张家德的得意之作。它上利行人，下通舟楫，设机为纽，启闭自如，受到台湾内外人士的一致称赞。台北至新竹铁路于公元 1893 年 12 月竣工。

台湾铁路路基宽 4 米，铁轨宽 1.2 米，轨重每码 36 磅，坡度为 1/20，最小半径 300 米。火车头 8 辆都是李彤恩和张鸿禄从德国和英国购买的世界上最先进的产品，重 150 吨或 25 吨不等。刘铭传亲自为它们取名"腾云"、"御风"、"超尘"、"掣电"，以表示快速之意。此外还有客车 20 辆，货车 26 辆，其中有盖货车 4 辆，无盖货车 22 辆。自基隆至新竹全长 100 余公里的铁路线上，共有车站 16 处。它们是基隆、八堵、水返脚(今台北汐止镇坑)、南港、锡口(今台北松山区)、台北、大桥头、海山口(今新庄镇)、打类坑、龟仑岭、桃仔园(桃园)、中坜、头重溪、大湖口、凤山崎、新竹。车站均为土造，称为火车房。站长名为驿长或叫司事。站中既不设信号机，也无升降场。起初每天开车 6 次，后减为 4 次。开车时间，每天上午 7 时半起至下午 4 时止，途中遇车，随时可以唤停搭乘，因此时刻不定，每

逢大稻埕到祭城隍日时,铁路总局就临时增加车次,以便往来。而到年头年尾及民间春节、元宵、清明、端午、中秋 5 节时就停止开车。初创时期的营运制度,是没有售票的站房。旅客上车买票,付钱即可搭车。初期所印车票不够用,即将公元 1890 年(清光绪十六年)印面未用的龙马图案邮票 8 种,加印地名及票价后,权充火车票使用。全线运费收入每日约 20000 银元,其中客运收入约 16000 银元,货运 4000 银元。

台湾铁路"腾云"号火车头

即使如此简陋,但台湾铁路在台受到人民的热烈欢迎。在铁路通车时,沿途台胞像逢盛大节日一样,争来观看,并唱着"口丢口丢铜"的闽省歌谣表示欢庆。此时,刘铭传虽已辞职离台,但时人仍深切怀念他。有李振唐和梁启超的诗为证。李振唐吟道:"泛海曾从赤嵌来,得瞻鼎力扩全台。火车路远风轮疾,银电光分夜市开。"梁启超赞道:"桓桓刘壮肃,六载驻戎轩。千里通驰道,三关巩旧屯。"

如今编号第一的"腾云一号"火车头陈列在台湾省博物馆。到台北旅游的人,在参观了"腾云一号"火车头后,还可以坐上"铭传"号特别快车南下游览台中和台南,观赏宝岛的绮丽风光。

台湾铁路在近代中国铁路史上具有重要地位。如果说公元

1876 年英商忽悠清廷擅自在上海兴筑的吴淞铁路是中国土地上出现的第一条铁路的话，如果说公元 1887 年兴筑成功的唐（山）胥（各庄）长约 11 公里长的单轨铁路是中国政府批准的第一条铁路的话，那么台湾铁路就是中国自行集资、自行主办、自行控制全部权益的第一条铁路。因为在近代中国史上，中国大地上的铁路基本上是外国列强强行或贷款兴建的，因而被他们取得经营、管理、用人或续借款项等权利。即如中国政府批准的第一条唐胥铁路的展拓——津沽铁路，也是大借洋债修成的。台湾铁路却开创了维护民族经济主权的先例。同时，台湾铁路由华侨投资、官创商办（公元 1888 年 11 月 19 日在李彤恩去世后改归官办），工程师和筑路人很多是美洲、澳洲和新旧金山及南洋各国的华侨，所以说，它又是华侨参与兴筑的第一条铁路。

就在刘铭传为狮球岭南坑门上题写横幅对联时，沈应奎布政使前来报告：刘帅，您请来办基隆煤矿的徐润不辞而别。刘铭传一惊，连忙问道："这是为什么？"欲知后事如何，请看下集：《煤矿洋办》。

十六 煤矿洋办

　　上集我们说到沈应奎向刘铭传报告，爵帅请来协办基隆煤矿的徐润不辞而别。刘铭传急忙丢下手中毛笔，以惊讶的口吻说道："这是为什么？临走时，他有没有给张士瑜留下什么话？"沈应奎从怀中掏出一封信说："他没有给煤务局张总办留下什么话，倒是给您写了一封辞别信。"

　　刘铭传接过信来，只见信上写道："爵帅：您的恩德，愚斋（徐润的别号）无以为报，只能载在《自叙年谱》之中了。积 30 余年经验，窃以为官办或官督商办，漏卮无所底止；而商办又限于资金和技术难以承担。基隆煤矿非革故鼎新，难以振兴。"刘铭传只说了"所见略同啊"这一句话，便陷入了沉思之中。他为什么要说这句话，又为什么陷入深思之中？

　　原来，台湾基隆一带盛产煤炭，长期以来靠手工开采。公元1866 年（清同治五年）创办的福州船政局就是依靠台湾煤炭的供应而维持生产的。公元 1875 年（清光绪元年）福州船政大臣沈葆桢奏请设立台湾煤务局，并在公元 1877 年聘请英国人台扎为矿师，购进新式机器开采基隆老寮坑煤矿，于是中国第一座近代化煤矿在台湾出现。基隆煤矿为官办，也就是帝国所有制。开始时，煤矿产量还逐渐上升，到公元 1881 年（清光绪七年）达到最高纪录，年产量为54000 吨。但专制体制下的官办企业总是要走向衰落的，以后基隆煤矿产量年年下降。更有一怪圈，难以破除，这就是"经费繁杂，不敷开用，委员浮冒，积弊日深"，效益极其低下。清政府下令台湾分

巡道刘璈前来整顿。刘璈慨叹："台北煤务为台湾漏卮,中外疑议,已非一日。"在经过调查研究之后,他认为"煤务之坏,坏于历办不得其人,浮费过多,成本过重,随处浮冒,任意报销"。他举出两个典型事例:从产煤区八堵到基隆码头仅10余里路,以总炭19850余石起解,结果基隆码头只收到16550余石,一下子少了3300余石;粉炭9000余担起运,到基隆码头仅收3430石,少去了5500余石。到福州船政局又少去几千石。转移间,煤炭耗去一大半。又有工匠等在矿上任意烧官煤,每月达到数千石。3名洋工匠每月烧官煤9000斤,路旁3个照明灯,每月烧官煤40000斤。官办企业腐败浪费由此可见一斑。刘璈痛加整顿,好了一段时间后,腐败贪污浪费又冒头。结果产量比以往更低,到公元1883年只有31818吨。

公元1884年,由于法军侵犯台湾,为"绝敌人窥伺之心",刘铭传以壮士断腕的气概,下令拆移机器,浸没煤井,焚毁厂房和储煤,于是经营近10年的基隆煤矿遭到彻底的破坏。

刘铭传抚台后,起初因经费困难,政务繁忙,一时无力顾及煤矿。公元1886年8月的一天,福州船政局发来一封加急电报,要刘铭传亲收亲拆。这是一封什么样的电报呢?

刘铭传拆开电报一看,原来是福州船政局所属马尾造船厂已恢复生产,按照以往上谕旨意,煤炭由台湾基隆煤矿供给,请刘巡抚从下个月开始按以往成规供应煤炭。刘铭传坐不住了。他喊来一个名叫郑士廉的人,叫他在一个月内恢复基隆煤矿出煤。郑士廉是当年刘璈整顿煤矿时留下的官员,他得令后,连忙出告示招标。一个名叫张学熙的商人找到郑士廉,表示愿意承办基隆煤矿。开出的条件相当不错:一是由他筹款建设煤矿,不需官府筹集官款;二是原先积水的煤井由他设法抽干;三是供应福州船政局的官炭价格上予以从优,由每石24元减为20元,不过运到福州船政局的煤由官府承担;四是官府暂不征税,待承办有效后,可酌议抽税。当郑士廉将这一情况向爵帅汇报后,刘铭传欣然同意。基隆煤矿于是由原来的官办变为商办。福州船政局收到煤炭后,给刘铭传发来一封致谢电。刘铭传心情极佳,叫亲兵备轿,说他要到附近垂钓,然后去基隆煤矿视察。垂钓中,爵帅诗兴大发,作《垂钓寒溪》诗一首:"山泉脉脉送寒溪,溪上垂杨拂水低。钓罢秋光闲觅句,竹竿轻放断桥西。"谁知视察基隆煤矿之后,他脸色阴沉,叫亲兵将郑士廉立刻抓捕起来,发了一顿雷霆万钧的大火。为什么他要发这么大的火呢? 又为什么要抓捕郑士廉呢?

原来,刘铭传到基隆煤矿后,见当年用水浸没的优质矿井依然如旧,就问张学熙为什么不把水抽干。张学熙说道:小人资金有限,无力购买抽水机器,爵帅能否给我拨点款。刘铭传没搭理他,又到矿区看了看,见矿区东一个小窑洞,西一个小窑洞,好像马蜂窝一样,而且采煤全凭手工开采,便沉下脸来问张学熙:"你过去是干什么的?"张学熙答道:"小人过去就是搞小煤窑出身的。后来发了点财,就做了小煤窑的窑主。基隆矿源丰富,也不缴税,只要凑齐给福州船政局的煤炭后,剩下的煤炭全是小人的财源,于是我就送给郑大人3000两白银,承办了基隆煤矿。"未等他说完,刘铭传就叫亲兵备轿,打道回府。回府后第一件事就是抓获贪赃枉法的郑士廉,并下令张学熙退办基隆煤矿。

但福州船政局要煤依然急如失火一样,台湾新设各种军民用工业企业急需煤炭也如婴儿嗷嗷待哺。刘铭传当即决定以官商合办的形式对基隆煤矿着手恢复。公元1887年2月,台湾煤务局重建,候补知府张士瑜被委任为总办。刘铭传叫张士瑜手持他的亲笔信向两江总督曾国荃和福建船政大臣裴荫森各募款2万两,台湾地方财政拨款2万两,招募商股6万两,共计12万两,用来添购机器,雇佣外国技师玛体逊,基隆煤矿生产开始恢复。谁知生产没有几个月,参股的商人们哭闹到台北爵帅府? 他们又为何如此呢?

原来,这批商工要求退股,收回原来投资的6万两白银。退股的理由有三点:一是花了大价钱买来抽水机器,抽干八斗煤井里水之后,才发现这个煤井由于开采年久,煤源快完;二是据玛体逊技师勘察,非开新煤井难以重振基隆煤矿,而这需要添本银百万两,商人无法承受;三是从煤矿到基隆码头需修一条铁路,才能减少运费,避免以往运途中"下漏"恶习。对此,商人不感兴趣。

刘铭传叫张士瑜把商股退还给这批商人,基隆煤矿又改为官办,结果出现月月亏损的现象。每月亏折银4000两,几个月下来就亏折白银近2万两。刘铭传为之发出慨叹:"官办积习太深,用人为难。""漏卮无所底止,非设法变通补救,不能免此无穷之累。"于是,

他请来了徐润。

如前所述,徐润当年投资上海房地产时失了手,亏折了 80 余万两白银。欠招商局公款 16 万余两,被李鸿章革去了招商局会办的职务。赋闲在家的刘铭传派差役送他 100 只大元宝。这恰似大旱逢甘霖、雪中送木炭啊。徐润感激涕零,见爵帅要他到台湾整治基隆煤矿,他二话未说,欣然奔来。谁知来了没有几天,他就与煤务局总办张士瑜发生了冲突。徐润与张士瑜发生了什么冲突呢?

原来,徐润来台湾,张士瑜就已经不高兴,认为他将妨碍他的前程。只是碍于刘铭传的面子,他不好发作。徐润到煤务局和煤矿考察过之后,认为外国技师玛体逊的意见很有见地。玛体逊的意见有以下几点:一是煤务局和煤矿大可不必搞两个重叠组织。二是两个组织都用了不少行政人员。这些行政人员大小是个官,都按照不同等级坐不同规格的轿子,光养轿夫的钱就非常可观。三是基隆煤矿非有长远规划难以振兴,而振兴除添本银百万两另开新窑和兴修运煤铁路外,还必须在管理体制上革故鼎新,废止中国衙门企业模式迫在眉睫。

于是,徐润在和张士瑜交谈之中,将玛体逊的看法和盘托出。谁知张士瑜大为光火,认为中国体制岂容洋人插言,堂堂大清帝国台湾煤务局内政不能容许洋人干涉。如果企业在管理模式上都革故鼎新,大清王朝有被颠覆之危险。这一番义正词严的"爱国防变"的话语,令徐润很尴尬。他知道官场上很多人就是这样打着爱国的旗号干着守旧和反动的勾当的。如同我们前些年有人指责深圳特区等地方除了国旗是红的外,其他的都是黑的白的一样。更令他难堪的是,张士瑜声言要将玛体逊辞退。煤务局和煤矿上的行政人员对他敬而远之。一些曾经和他很谈得来的人,现在见到他都像避鬼神一样地疏远了他。徐润不想把事情闹大,在向爵帅淡淡地禀报一下情况之后,就来了个不辞而别,临走时托沈应奎转交了一封信。

刘铭传喊来了张士瑜询问内情。张士瑜又把所谓的"爱国"话语说了一番。爵帅不高兴了,说:"士瑜啊,士瑜,你不要动不动就把一些事情同爱国和体制这样的大事扯在一起。我想问你的是,基隆煤矿怎么样才能做到每月不亏损银两,如何振兴起来?你有成熟的计划吗?你有得力的措施吗?"张士瑜嗫嚅着说:"暂时还没有。"

"好，既然你没有，那我就代你想办法了。"刘铭传大声地说。几天以后，一道《英商承办基隆煤矿订拟合同折》附合同两件起草出来，上报给清廷。原来刘铭传想出了一个中国官员当时谁都未想过或想过而不敢提出的办法，这就是"煤矿洋办"。这么一个大胆的建议，它的内容究竟有哪些？清廷会接受吗？

刘铭传这道奏折立刻被皇帝批给总理衙门和户部议奏，总理各国事务衙门大臣奕劻对刘铭传成见颇深。户部尚书翁同龢虽是个主战派，起初对刘印象也不错，但此时的他思想颇为守旧。他曾说过他不能容忍"火轮驰骛于昆明（池），铁轨纵横于西苑，电灯照耀于禁林"，因此极力反对中国修筑铁路，反对发展工商业，反对兴办西学堂，对洋务派首领李鸿章十分仇视。在主张"煤矿洋办"奏折送北京之前的 1 个月，即公元 1889 年 6 月，刘铭传上过另一道奏折《复陈津通铁路利害折》，支持李鸿章修筑天津至北京通州的铁路，批驳了翁氏的守旧观点，并以嘲讽的口吻说他的论点是"迂论"，是"书生谋国，因循坐误"，一下子得罪了这位光绪皇帝的师傅。他立刻表示"煤矿洋办"的种种办法是"纰谬"，妨碍主权和体制。总理大臣奕劻见皇帝的师傅发话了，立刻附和，认为刘铭传"办事粗率"，并建议给刘铭传一个严厉的处分。一批教条顽固派们高喊坚决支持。尚在世却在病中的奕譞应李鸿章之请，抱病参加了廷前会议。慑于奕譞的威势，奕劻和翁同龢没有敢大发难。捣鼓了许久，终于使光绪皇帝在公元 1889 年 9 月 1 日下旨给刘铭传以申饬处分，即警告处分。但没过多久，在奕譞的鼎力保荐下，刚受申饬处分不久的刘铭传在公元 1890 年 2 月 15 日（清光绪十六年正月二十二日）和 4 月 20 日（清光绪十六年三月初二日）先后被赏加兵部尚书衔和任命为帮办海军事务大臣。奕劻和翁同龢对此不敢吱声。他们知道有奕譞在朝，在"煤矿洋办"上拉刘铭传下马是没有影子的事。

现如今，海峡两岸的一些教条守旧观点的历史学者，也认为奕劻和翁同龢等清廷权臣的意见是"极为切当"的。他们指责刘铭传主张"煤矿洋办"是他的"最大失着"，"是把金饭碗送人"。而我们却从刘铭传主张"煤矿洋办"奏折内容及附设合同中得出如下结论：它不仅维系了中国的主权，而且开启了中国引进外资，引进外国先进技术、先进管理方法、先进设备和先进人才的先声。为什么要这样说呢?

第一,奏折及合同中指出英商范嘉士拟投资100万两白银在基隆"选定两处作为开矿之基",开采期为20年,"二十年限满,该商应即撤退"。这就是说,20年后,中国可获得一个完整的新式企业。

第二,20年之内,"第一处煤矿有罄尽之势,即准迁第二处开挖,倘两处煤俱挖尽,虽未满二十年,亦即停止"。这就对英商活动的时间与地点作了严格的限制。

第三,基隆煤矿原有的设备,英商以14万两银子作为抵偿,英商运煤照付运费;每年以市价8折供应台湾官方用煤1000吨;每出口煤1吨纳税1角。如此,原先招股的12万两白银加上官办亏损的2万两白银不但有了着落,而且用刘铭传的话说:"以二十年计之,可免漏卮百万两。关税车路运资,转可得数十万。"这就是说在经济上不仅杜绝了漏洞,而且开辟了利源。

第四,除技术人员外,一律雇佣中国人,"不准雇佣外国工人"。地方官派遣学生进矿学习技术,英商不仅要予以优待,而且"任其游历,以期学业有臻"。这就是说,基隆煤矿不仅能增加台湾人民就业机会,而且能培养中国新型的煤矿管理和技术的白领和蓝领。

第五,如果发生战事,煤矿有"接济敌煤"事,"查出照公法议究"。如与英国有战,"该商系英国子民,应即暂退","事平再行接办"。这就是说战时煤矿由中国监督或接管,维系主权。

显然,这是一个维系主权、谋求双赢的平等契约,用刘铭传的话说,是一个对台湾地方国计民生"所裨甚巨"的合同,它充分说明刘铭传具有超前的战略眼光,比同时代的人站得高、看得远。后来的民主革命先行者孙中山就十分赞赏这种观点,并提出和刘铭传同样的设想。孙中山与刘铭传相同的设想是什么设想呢?

孙中山在《孙中山全集》第二卷中说:为了抢时间、快发展,国人必须大胆"利用外资,利用外人","吸收外国资本,以筑铁路,开矿山",如此"直接有利于民,间接有利于国"。此种做法较之借款为善,看不到这点,就会成为于时势不合的庸人。(《孙中山全集》(二)第481页,第533页)

但古今的庸人们即教条顽固派们是看不到这点的,而他们打着"爱国防变"的企图在改革进程中也常能一时得逞。刘铭传这道奏折不仅没有被批准，而且上谕指责他"办事殊属粗率，著传旨申饬"，即给了刘一个告诫或警告处分。于是，刘铭传叫来了英商范嘉士，告诉他："实在抱歉，我们的合作条约未获批准。原先我们在合同里有条文说：'唯中国洋商开矿之事，从未办过，此次奏准，固台湾同该商均有利益；如奉旨不准，此件合同，应为废纸作罢。'我们只好退办了。"范嘉士耸耸双肩，说道："遗憾。"刘铭传乃叫候补知县党凤冈接手基隆煤矿，叮嘱他要"破除情面，极力撑持，仍行招商"。

党凤冈果然不负刘铭传的期望，在全台帮办抚垦事务通政副使林维源的帮助和斡旋下，3个名叫蔡应维、冯城勋和林元胜的富商表示愿以官商合办形式承包基隆煤矿。经过一番研讨，双方洽定集资30万元，其中商人出资20万元，缴还原基隆煤矿本银12万两，矿上房屋机器折价10万元作为官本，其余按月缴煤扣除。唯矿务经营，必须"由商主持，官不过问"。今后无论盈亏，按照成本分3股匀算。这实质上是顶着官商合办招牌的商办，十分符合已对官办失去信心的刘铭传的心愿。他当即打了一个报告给清廷，并随后把煤矿交给了商人承办。

由于心情不错，他约了布政使沈应奎等人到郑成功祠堂里转转。在祠堂内，他兴致勃勃地题写了一副楹联：

赐国姓，家破君亡，永矢孤忠，创基业在山穷水尽；
复父书，词严义正，千秋大节，享俎豆于舜日尧天。

这一天是公元1890年7月5日。就在他楹联题毕之际，电报局张维卿总办急匆匆地赶来，递给爵帅一份电报。刘铭传接过来一看，顿时泪水长流，昏厥过去。是什么消息使刘铭传受到如此打击，以致泪水长流，昏厥过去？

沈应奎等人急忙将爵帅救醒，抬上官轿，奔向帅府。途中，他手持电报一看，原来是51岁的醇亲王奕譞已于7月5日凌晨2时英年薨逝。

躺在床上的刘铭传精神极其委顿，他低声对布政使沈应奎说："应奎呀，应奎，贤王已去，我心亦灰。前几日我递上的《基隆煤矿仍改归商办片》，看来总理衙门和户部定会吹毛求疵。看来我在台湾的时日已不多了。你要有担任护理巡抚的思想准备。"沈应奎哽咽着说："爵帅，应奎原属湘系，受过朝廷严重处分。来台受您知遇之恩,五次力举,终为布政使,只想实心实力,佐助您在台设防、练兵、清赋、抚番、开发,成就一番事业。这基隆煤矿是台湾的最后一个难题啦,我想权臣中实事求是、深明大义者定会赞同您的意见。"刘铭传摇了摇头说:"贤王在朝,新政好搞;贤王已去,新政难办啊!"沈应奎不禁痛哭失声:"爵帅,我不相信!"欲知后事如何,请看下集:《革职留任》。

十七 革职留任

上集我们说到刘铭传听到醇亲王奕谭去世消息后,不禁为台湾新政担忧。布政使沈应奎痛哭失声道:"爵帅,我不相信。"但事实却是那么无情。刘铭传被兴师问罪了。

兴师问罪的两个领头人就是总理各国事务衙门大臣奕劻和户部尚书翁同龢。这两个教条顽固派们见贤王甍逝,顾忌已除,立刻联手就基隆煤矿改为商办一事,向刘铭传兴师问罪。

实际上,早在这件事之前,刘铭传就在两件事上得罪了总理各国事务大臣奕劻。

一是台湾通商口岸区域事。根据公元1858年(清咸丰八年)的天津条约和公元1860年(清咸丰十年)的北京条约,台湾先后开放了基隆、沪尾、打狗(旗后)、安平4港为通商口岸。外商在口岸凭条约可享受不纳厘金或缴纳半税的特权,但在内地却应照约全纳。为逃避货物税,外商们互相勾结起来,无理要求扩大台湾通商口岸的区域,拒不完纳台湾地方政府对他们所征收的税厘。在遭到刘铭传抵制后,外商们通过驻台领事向清廷总理各国事务衙们告了刘铭传的状,并把官司打到了清廷慈禧太后和光绪皇帝那里。公元1888年4月8日(清光绪十四年二月二十七日),奕劻来电声称总理衙门奉谕旨:"台湾为通商口岸,洋商向不抽厘,既经该使臣等屡次据约陈请,着将抽收洋商厘金一事,即行停止。"电文对刘铭传以往不听总理各国事务衙门的正告十分恼火,故抬出谕旨压他;又认为刘铭传大约不懂条约,搬出"据约陈请"的词句吓他。谁知刘铭传对条约研究得十分透彻。在 4 月 13 日（清光绪十四年三月初三日）的《洋商子口半税声明约章划清界限折》中，刘铭传作了义正词严的抗争。

在这个奏折中，刘铭传一针见血地点出这次外交交涉的主因是"无耻华商，串通洋商，希图偷漏"台湾地方税收。针对外国使臣的三点责难，刘铭传一一予以反驳。首先，他据约指出，所谓通商口岸是指台湾府城口，而不应包括内城口以外的地方。外国使臣将两者混为一谈，目的是包庇外商逃避税收。其次，他据约指出，所谓不领照、不完厘的货物，是指在通商口岸所购买的已经完税的土货。外国使臣将此种货物的范围无限扩大，这是台湾官府所不能允许的。外商"于通商口岸不令完厘，此外非通商口岸即应领单完半税，不完半税则应完厘"。再次，他又据约指出，对外商"征收子口税，本照约章，原无不合"。由英国人赫德控制的海关总税务司署在其他口岸既收海关税，又收子口半税，并未听到外国使臣的责难。"何以在我仅收其一，尚觉其难？在彼兼收其二，转形其易？"为此，刘铭传提醒皇帝："洋人于公文字句，往往断章取义，唯利是图。"他之所以不肯善罢甘休的原因，是"为抵制之谋"。

这三点驳斥，语语中的，反映了刘铭传对公约知识颇为娴熟。奕劻不禁气急败坏。他采取了什么行动呢？

奕劻于公元 1888 年 5 月 2 日拍来电报，强词夺理地声称："凡通商之处，无论是城是镇，皆为口岸。抽华商厘金原与洋商无涉。至领联单、纳半税，系指在内地贩土货而言。所谓内地者，条约内指明口岸皆是也。"刘铭传当即回电反唇相讥："英约内载台湾府城口，系指府城所属之港口，即洋商贸易之安平口。府城与安平口陆路相距 8 里，其停船运货之处，且远至 10 余里。即如潮州之汕头口、登州之芝罘口，虽均隶府城，约内与台湾同款列作府城口。未闻潮、登府城皆为口岸。若谓通商之处，无论城镇，皆为口岸，则尝考约章而辨之矣。英约载广州 5 处领事等官，准居城邑，而通商则指明港口。又美约载各港口市镇居住贸易一语，市即他约内所指之市埠，与城不同。此外未见城镇作口岸明文，不识总理衙门是否另有所本？"奕劻等总理衙门的官员被驳得哑口无言，气愤中将来往电文呈送给光绪皇帝最后裁夺。光绪皇帝载湉圣览了很长时间，才朱批道："览。钦此。"默认了刘铭传的申诉。对圣裁有所期望的奕劻等人最后落个没趣,胸中似踢翻盐醋酱坛,别是一番滋味在心头。刘铭传虽然取得这次外交交涉的胜利,但却开罪了外国公使及驻台领事,也开罪了总理衙门以奕劻为首的元老重臣,埋下了日后他被革职查办的第一颗种子。

埋下的第二颗种子是关于坚持台湾樟脑专卖制度。在《与敌争利》一集中,我们曾经说到外商曾为台湾樟脑官办事,把官司打到总理衙门。奕劻曾于公元1887年5月过问过此事,要刘铭传把没收的樟脑还给德国商人,被刘铭传顶了回去。公元1890年6月,英国怡和洋行仗着本国在华雄厚的势力,公然蔑视台湾地方官府的禁令,从一个名叫集集的地方把走私来的樟脑700余担运到彰化鹿港地区,10月又私运540担,都被刘铭传下令没收充公。英国驻台湾安平领事咆哮如雷,照会刘铭传立即归还,被他驳斥回去。"彼此相持,势将决裂"。驻安平领事于是把状告到驻京公使馆。英国公使就到总理各国事务衙门交涉,要求撤销台湾的樟脑专卖制度。各国公使见英国发难,纷纷表示附和意见,竟日里去总理衙门吵扰。连吃刘铭传几次闭门羹的总理大臣奕劻怕自讨没趣,就采取踢皮球的方法,把问题直接捅到光绪皇帝和西太后那里。光绪皇帝就把这件对外交涉的案件,交给他的师傅户部尚书翁同龢,要他拿出一个处理意见。这样,翁同龢手里就同时握有了两个有关台湾问题的处理权。一是"台湾基隆煤矿能否改归商办",一是"台湾樟脑是否坚持官办"。翁同龢在和奕劻商量之后,在两件事上竟做出了迥然相反令朝内外人士大吃一惊的处理意见。他们作出了什么样的处理意见呢?

在樟脑问题上,翁同龢主张民办。他向光绪皇帝说:"熟考古今律例,盐硝硫磺均归官办,严禁私贩。除此三项外,未常别有所禁也。台湾内山今以出产樟脑之多,奸商夤缘贿赂,挟谋其间,不准他人售卖,实属无谓。今英商收脑数万斤为巡察委员所没,是则奸商之故意而后至此,即台湾巡抚亦难辞其责。况樟脑一项,原系药材,未可禁止私贩;如英国地多虫蚁,以脑熏尸,可免虫蚀,此销用之所较多也。此后各省所出不论利益多寡应先奏明而后举办,方为得策。伏乞谕饬台湾巡抚刘铭传,即将樟脑一项改为民办,官府但可征税。"翁氏的这道奏章有三个不通:其一是刘铭传打击勾结英商的中国走私奸商,却被说成是奸商与刘铭传互相串通;其二是樟脑官办专卖是经刘铭传上折并获清廷批准的,却被说成是清廷不知此事,今后"应奏明而后举办";第三是外商所需樟脑并不仅仅是为了"熏尸""驱虫",而更多的是用于工业,故购买日切,官办专卖正可为中国谋利。而翁氏却武断地改为民办,实质是同意洋办。这道颠倒是非、文理不通、专为洋人说话的奏章,竟被清廷最高当局批准,下旨立即执行,没有任何挽回余地。

在"基隆煤矿改归商办"事上,翁同龢面孔一变,抡起斧子歪砍。他于公元 1890 年 9 月 28 日向皇帝上折参劾,认为刘铭传如此行事,有"可疑者三","必不可行者五",指责刘在基隆煤矿上"何以一切事宜,悉授权于商人",其要害是使"商有权而官无权",并振振有词地责问:"天下有是政体乎?"他与奕劻等联合建言光绪皇帝必须将刘铭传交吏部议论处分。这时光绪皇帝对翁同龢信任异常,史载"每事必问同龢,眷倚尤重"。接到翁氏参劾后,他立刻下旨将刘铭传交吏部议处。吏部接到皇帝谕旨,不敢怠慢,于公元 1890 年 10 月 5 日就拿出一个处分决定:"照违制律私罪革职例,议以革职。"也就是说要给刘铭传革职查办的处分。李鸿章作了微弱的抗争就偃旗息鼓了。于是,翁同龢和奕劻约同吏部的人手持皇帝的密谕召来了一个名叫张蓉轩的人。这张蓉轩是何许人也?他们召张蓉轩来干什么?

这张蓉轩在近代史上名不见经传。《清史稿》上也不见其名。大约是某省布政使一类的官员。翁同龢和奕劻告诉他,光绪皇帝拟将刘铭传革职,委派他去接任刘的福建台湾巡抚。张蓉轩一听,连连摇手:使不得,我一介书生,岂能担当如此重任? 我身体不好,岂能飘洋过海? 奕、翁氏再三劝说,都被张蓉轩谢绝。急切中找不到继任者,光绪皇帝发话了:既然无人到台湾接任,那朕就下旨了。他下的旨是"著刘铭传加恩改为革职留任"。基隆煤矿商办形式于是作罢,樟脑专卖制度也被取消。守旧官吏和台湾的大地主们幸灾乐祸,额手相庆。他们对刘铭传在台实施的新政,诸如清赋、抚番、设防、铁路、电报、西学堂等事业都纷纷指责,压得参与新政事业的官员难以抬头。时人评论,刘铭传陷于"政府颇多掣肘,上论又讥其过激,内外臣工多所嫉忌,而台湾绅士亦肆为蜚语"的困境之中。

刘铭传知道大势已去，心情十分郁闷。事后他曾追忆他这阶段的心情："只身渡台，内忧外患，孤子艰危，无复生人之趣。自分不死于敌，必死于谗，冰蘖孤怀，至令心悸。"于是在公元 1890 年 10 月 22 日（清光绪十六年九月初九日）上折清廷，请求免去他的一切职务，以便归乡养病。上谕不准，只赏假 3 个月，要他在台就地休养。公元 1891 年 1 月 7 日（清光绪十六年十一月二十七日）和 4 月 12 日（清光绪十七年三月初四日），刘铭传又两次上折请求免去他的一切职务。5 月 30 日，上谕来了，说："刘铭传奏病假仍未痊恳请开缺一折，福建台湾巡抚刘铭传，着准其开缺，并开去帮办海军事务差使。"6 月 1 日，刘铭传递上《开缺假归谢折》，6 月 4 日就派人将福建台湾巡抚关防送到沈应奎处，由沈应奎护理巡抚，当天就离台返乡。

公元 1891 年 6 月 4 日，一艘名叫"海镜"号的兵轮载着一行人由台湾向大陆驶来，内中端坐着一个面孔铁青的老人，他就是年已 55 岁的刘铭传。在穿越台湾海峡时，亲兵神色慌张地向刘铭传报告："爵帅，大事不好！"亲兵为何如此神色慌张呢？

原来有一个莫名的巨物顶着风浪向军舰方向冲游过来，顿时海涛壁立，军舰颠晃得十分厉害。军将们以为遇到了海神，非常害怕，就一面焚香以谢海神，一边请人向爵帅报告。刘铭传步出舱门，"命发炮挥赤帜遣之"。伴随着轰隆隆的炮声，"巨物竟去"。海峡恢复平静，依旧蓝天白云，风轻浪微。

军将们认为刘爵帅此举是在发泄"满腹怨气"。而产生满腹怨气的原因则是他被迫辞职离台，被迫告别了他在台 7 年、抚台 6 年的开拓生涯，被迫丢下他呕心沥血筹划的台湾各项新政事业。

刘铭传辞职归来了。随同他一起回来的还有他的妻子程氏，有他最喜欢的三子盛芾、四子盛芥以及侄孙刘朝宗等一行人。程氏和盛芾、盛芥是在公元 1886 年至公元 1887 年期间先后到达台湾的。那时，刘铭传着实想长期居留台湾，干出一番事业，所以就托部下将自己的发妻和儿子接到台岛。不料，还不到 4 年时间，他又带着他们匆匆离开了。

从台湾归来，刘铭传没有立刻回到故里，而是先在南京客居了一段时间。南京有他购置的别墅，称为刘和厅。刘和厅位于南京近郊，紧靠繁华的秦淮河畔。还在丢官赋闲期间，刘铭传就常在这里设宴，招待一班文人学士、洋务里手。寄居南京，是因为这里有他旧时同僚好友，因多年不见，他颇想再和他们开怀痛饮一番。寄居南京，还因为他最"怜爱"的四子刘盛芥要在公元 1891 年秋参加在南京举行的乡试。

寄居期间，他与友人时有往来，互唱酬和。家乡大潜山顶有真武庙，刘铭传抚台时曾应乡人之约出巨资重修此庙。如今庙修好了，乡人来南京请他撰三副联。刘铭传思索了一会儿，即挥笔写就。

第一副联是：

十载河东十载河西，眼前色相皆成幻；

一时向上一时向下，身外功名总是空。

第二副联是：

往事不堪论，眼看金身再塑，个中人酸甜自别；

昔人多不见，面迎皓月一轮，天下事褒贬由谁。

第三副联是：

万户侯何足道哉，听钟鼓数声，唤醒四方名利客；

三生约非虚信也，借蒲团一块，寄将七尺水云身。

三副楹联都是对自己官宦生涯的慨叹。

淮军公所牌楼

　　这期间,巢湖淮军忠昭祠建成,请他题联。他信手写下:"升高以望东关,情随事迁,百战江淮如昨日;积厚仍归南岳,才为世出,再生申浦更何年。"故居大潜山房维修一新,家人要他写点东西。他当即题联:"解甲归田乐,清时旧垒闲。"退休僻居乡野、优游林下的心态油然而出。更叫绝的是,肥东李鸿章在这年归家,恰逢他的七十大寿(实足年龄 68 岁,虚岁 69,乡俗男人做寿做虚)。刘铭传仅按乡俗送两斤寿面、两条方片糕作寿礼,并附贺寿打油诗一首:"时人个个好呵包(指拍马屁),鸡鱼肉蛋整担挑。唯有省三情太薄,二斤挂面两条糕。"李鸿章读后,不禁捧腹大笑,说:"这个刘麻子,就是有与众不同的点子。"

　　公元 1891 年秋,刘盛芥在乡试中一举中式。刹那间,南京刘和厅客寓,"贺者阗门"。大家都夸奖 16 周岁的刘盛芥"聪颖"、"早达"。家人和刘氏亲戚都为此而自豪。刘铭传心中也颇为快慰。就在他笑迎贺客时,家人送来一封电报。刘铭传拆开一看,不禁锁紧眉头,愁云布满了整个面孔。这是一份什么样的电报? 欲知后事如何,请看下集:《悲愤辞世》。

十八 悲愤辞世

上集我们说到刘铭传为第四子盛芥中举颇为快慰之际,接到一份电报,立刻眉头紧锁,愁云布满整个面孔。其原因何在?

原来电报是沈应奎拍发来的,内容是刘铭传的政敌邵友濂将到台湾担任巡抚,他的护理巡抚行将结束。

邵友濂,原名维埏,字小村,浙江余姚人。早年,他由监生捐资员外郎,后调至清廷工部任职。公元1865年(清同治四年)补行乡试中举,公元1874年(清同治十三年)以御史记名,不久被分派到总理各国事务衙门充任章京,办理文书事宜。中俄紧张交涉的公元1878年(清光绪四年)冬,他随直隶总督崇厚赴俄,以道员充任头等参赞。次年,崇厚因擅自签订丧权辱国的《里瓦几亚条约》被清廷治罪,邵友濂署理驻俄钦差大臣,回国后仍回总理衙门任职。公元1882年补授苏松太道。中法战争爆发后与江苏候补道龚照瑷奉命襄办刘铭传办理台湾防务,具体负责向台湾送兵械人员事宜。

刘铭传过去和邵氏不相识,只是赴台道经上海时,为防务事曾与他晤过几次面。鉴于邵友濂尚能积极支持龚照瑗向台湾运济兵械饷银和人员,刘铭传曾主动呈报李鸿章,恳请代为荐奖,冀望清廷赏赐邵氏一品封典,赏赐龚照瑗戴花翎,清廷吏部以"核与定章不符,应令另行奏请"为由驳回。刘铭传连忙在公元1885年初,亲笔书呈《奏奖道员邵友濂龚照瑗片》,力赞邵、龚二人"当上年秋冬之季,济械运兵十余次,前死后继,万折不回,率能将刘朝祜四营、聂士成两营并枪炮、水雷、电线等件,历艰险以达重围","其忠敢血诚,力全危局,其筹运之力,非寻常劳绩所同,实与战功无异"。为此,他"恳天恩破格优奖,二品衔江苏苏松太道邵友濂,拟请赏给一品封典;二品衔江苏候补道龚照瑗,拟请赏戴花翎。均拟请赏给头品顶戴,用昭激劝,出自逾格鸿慈。"邵友濂得刘氏如此荐奖,第二年就晋级擢升,补授了河南按察使。应该说,刘铭传待邵氏是不薄的。这期间,两人的关系还是不错的。

但邵友濂却终究与刘铭传交恶。爆发点出在刘氏信任沈应奎的问题上。我们在前面讲过,沈应奎赴台巡查团练,是左宗棠的委派。刘铭传虽知沈氏是湘系人物,但鉴于他"精明练达,久任储胥历著成绩",就摒弃门户之见,委任他负责粮台事务,掌管起全台军饷调拨和筹集大权。沈应奎见刘铭传不分畛域,唯才是用,就尽心尽力,成功地筹款百万两,及时接济前方,保证了抗法保台的胜利。公元 1885 年 1 月,刘铭传呈报清廷,恳请赏还沈应奎原布政使衔,未获批准。沈应奎没有介意,在刘氏的支持下,以一介布衣的身份佐助他理台治台。不到两年的时间,台湾的盐务、商务、防务、清赋、抚番、实业诸要政,都被他整治得井井有条,颇有起色,显示出勃兴的气象。刘铭传对沈应奎具有的超人的理财能力,信任异常,赞赏不已。公元 1887 年 5 月(清光绪十三年闰四月),他又一次上《开复藩司片》,荐奖沈氏"实心实力,任劳任怨。会计精密,事事躬亲。全台百废俱业,办防、清赋、抚番诸大端一时并举,得以支持至今日者,沈应奎一人之力也"。在这个奏片中,刘铭传甚至不惜冒得罪天下司道之风险,力保沈应奎:"近时各省司道中办事精勤者有之,持躬廉正者有之,若如沈应奎之实力实心,不避劳怨,实罕其人。"奏片末尾,他又以其惯有的执拗性格,恳请清廷为"鼓励人才",开复沈应奎原官,否则,他就走人。

清廷见刘铭传大有为保荐沈氏而掼纱帽的架势,就在这年 6 月 6 日被迫批准了他的请求,同意开复沈应奎的原官。但是却不准沈氏在台湾任职。台湾的布政使委派邵友濂担任。显然,清廷的这种安排,独具匠心,要旨在于不能让一省巡抚和布政使关系如此密切。插入邵友濂这块"楔子",可使巡抚和布政使互相牵制,以利清王朝驾驭。至于它是否有利于方兴未艾的台湾各项新政事业,至于它是否挫伤从事新政的官吏的积极性,则不是清廷当局者所想过问的事情。

　　邵友濂其人以往政绩如何？有关史书曾以8个大字加以概括："庸弱无能，师心自用"，也就是说虽然庸弱无能，但却自以为是，固执己见，自恋情结很重。邵友濂赴台后，由于对台湾开发事业一窍不通，于是整日无所事事。又由于他思想颇为僵化，对台湾各项新政，渐生"嫉视"之心。刘铭传对这位新来的台湾布政使，原先并无成见，只是考虑邵氏对台事尚未熟悉，从台湾新政大局着眼，他恳请清廷将沈应奎暂留台，佐助邵友濂处理有关事务，以便完成他未竟的事业。这种请求，应该说是无可厚非的，谁知却开罪了这位新布政使。赴台不久，邵友濂拂袖而去，直奔京师，告状至清廷，一告刘铭传的新政"逾格"，二告刘铭传排斥异己，逼他出走。清廷内一班元老重臣纷纷附和，"斥刘"之风在京师上空回旋。如果没有奕譞多方维护，刘铭传早在公元1887年间就被革职查办，罪名是"抗旨"。

　　清廷见邵氏来到京师，当即作出两项决定。一是安排邵友濂到湖南担任巡抚，将这个毫无建树、专走上层路线的"庸吏"，整整擢拔了一级。其意不言而喻，这是在将刘铭传的军。二是坚决不允准沈应奎留台，另派刘铭传同乡老友蒯德标担任福建台湾布政使。

　　刘铭传对清廷的这种做法，痛心疾首。他在公元1889年7月（清光绪十五年六月）再次呈上《奏请沈应奎会同藩司办理清赋片》。在这个奏片中，他以极其沉痛的口吻，向清廷剖明他暂留沈应奎的心迹："台湾新赋，现经臣奏请展限，所有给单征粮，正在紧紧之际，自署藩司沈应奎接任以来，切实督催，办理日臻起色。恭阅邸抄，六月十三日（即公元1889年7月10日）奉上谕，福建台湾布政使蒯德标补授等因。蒯德标系臣同乡至交，忠谨廉朴，久于度支，仰蒙圣明调任台湾，臣尤得资臂助。唯值此清赋之时，恐于地方情形未能熟悉。该司到任，似应仍令沈应奎会同一手经理，以期迅速报竣。臣查沈应奎优于综核，任事实心，在台多年，不避劳怨。若能稍宽时日，假以事权，于海疆新设省治，裨益实非成鲜。臣为地方用人起见，谨附片密陈。"话讲到这种程度，可知恳求暂留沈应奎，目的实在是为台湾的新政，特别是清赋大计。

　　蒯德标对好友刘铭传深为理解，心中不仅毫无芥蒂，而且主动向清廷"谢职而成之"。清廷这才同意沈应奎留台，不过，只给了他一署理台湾藩司的职衔,直到后来才予以实授。

公元 1890 年 4 月,刘铭传又上片密保沈应奎和台南知府程起鹗二人。他的用意是荐保沈应奎将来可接任其福建台湾巡抚之职,而程氏可担任福建台湾布政使(藩司),其目的无非是保持住他抚台以来所开创的新政事业,使台疆的改革后继有人。

但刘铭传这种设想,只是一厢情愿。清廷的顽固教条派们早就想废掉刘铭传的新政。岂有让台湾"代有才人出"的局面继续保存?于是,他们在刘铭传离台归乡前夕,采取"欲想夺之先予之"的手法,"开恩"实授沈应奎以藩司衔护理福建台湾巡抚,然后将他们的政敌邵友濂派往台岛担任福建台湾巡抚。

邵友濂下车伊始,就先将他的眼中钉沈应奎排斥出去,让"自以为是"、动辄"邀僚属为文酒之会"、而胸中毫无理财之墨的唐景崧担任台湾布政使,各府县厅,凡积极支持刘铭传新政事业的官员,撤换的撤换,调离的调离,坐冷板凳的坐冷板凳。不久,经过一番周密部署的邵友濂,开始操起屠刀,向刘铭传各项新政恶狠狠地砍来。

邵友濂(中)

首先他把目标挥向军队。近 20 余营的淮军被他裁撤大半,"台湾防务力量自此大为减弱"。邵友濂以"一己之好恶",对裁撤下来的淮军将士既不发足遣散费让他们渡海归乡,也不以好言抚慰稳固军心,结果使不少人流为盗贼和土匪,或在军队内组织起哥老会组织结势声援。一支勇敢善战的国防力量就这样被瓦解了。其次挥向抚番事业。他们一改以往"以抚为主,攻心为上"的抚番政策,叫嚷"杀尽通事,禁与番通,番自服矣",奉行的是极端仇视高山族民众的大汉族主义政策,结果,台湾的汉族与高山族民众之间、官府与高山族番社之间充满着敌对情绪。昔日经刘铭传着力弥合的民族关系上的伤痕,又重新出现重大创口,昔日"就抚欢未散"的气氛已如落花流水,一去不复返了。

邵友濂还把屠刀对准刘铭传在台湾产业开发的硕果。举凡刘氏所开办的电报、邮政、西学堂、日学堂、番学堂、蚕桑局、煤油局、煤务局、龟山水力发电站等新政设施,无一不遭到邵氏一伙的肆意砍杀,尤为令人痛心的是,中国内地赴台参加新政建设的洋务里手、科技人员以及不远万里、从海外归来报效祖国的华侨,因目睹邵氏以如此方式砍杀新政,不禁仰天长叹,纷纷离开台岛。台湾新政于是大部被废。

接到电报后的刘铭传也痛心疾首,仰天长叹:"不能因人废言,更不能因人废政啊!"

公元1892年夏,在接到家人关于六安九公山新别墅竣工消息后,刘铭传带着妻儿一行离开了南京,归乡去度他恬静的晚年隐居生活了。

新别墅叫刘新圩。刘新圩是依照刘老圩式样建造的,其规模之大、结构之新、装饰之华丽,都超过了刘老圩。圩子面积约一平方公里,周围掘有两道壕沟。壕沟两岸都是用青石线条由水底砌出水面。内围以雕石栏杆,外围以坚实砖石砌成的围墙。围墙四个方位筑有炮楼数座,以为警戒。内壕沟之外,还掘有一重环绕圩子的外壕,注水于内,深5尺有余。出入则有浮桥,抽去浮桥,圩内则四面环水两重,犹如一座古城堡。

圩内设置更是讲究。它有正房五重,连同前面闸门,后层下屋,号称七重。正房每排有二三十间不等的瓦屋。前重开有三道大门,后重矗立堂楼数座。正房左右有四路包厢,内分正大厅、东大厅、西大厅、东客厅、西客厅、内客厅、东西书房、内书屋等。内部陈设中西结合,既有古色古香的中式床、椅、桌、凳等,也有西式的沙发、座钟、旋椅等。刘铭传本人的坐椅,就是西洋式旋椅,一直保存到今天。圩内还筑雅致的花园,植上奇草异卉,养有珍鸟贵禽,伴以假山、曲径、小桥和流水。所有门窗梁柱都油漆一新。走道墙壁门头,绘有各色花鸟人物,地面上杂铺以正方形、菱形、三角形的磨光罗地砖。窗牖全装上玻璃,代替旧式的窗纸。堂楼的窗户则装上西洋式的五彩玻璃,家中所用的餐具、用具也是中西结合,既有中国民族风味极浓的象牙筷、碗、碟、面盆、澡盆等,也有西洋式的刀叉、浴盆等。建筑这个圩子花费了多年工夫,耗费了数万两银子,工匠全是从苏州请来的高手。

刘铭传看来对新居并不像预料中的那么满意。他在圩子里兴起了几块地，植上桑树，点上蔬菜。早上荷锄除草，傍晚担粪浇肥。家人看到，每当他一个人在菜地锄草或浇肥时，就"南望微抚膺"。他是在思念那3000里以外的台湾岛，是在挂念他7年精心经营的台湾新政的命运，是在为台湾新的当道者倒行逆施的行径而感到揪心般的疼痛。

就在刘铭传退隐九公山中不久，公元1894年6月（清光绪二十年五月），日本借口帮助平定"东学党起义"，派遣海陆军近万人侵入朝鲜，强据汉城附近，并在7月25日突袭朝鲜牙山口外半岛海面上的中国运兵船，29日又不宣而战进犯驻守牙山的清军。刘铭传日夕担心的中日战争开始了。

这期间，清廷曾叫李鸿章发电5次，电召刘铭传赴京，以北洋会办的身份，督办朝鲜事务。刘铭传以身体有病没有奉诏，而只是托李鸿章长子李经方带去一信，说：日本出兵朝鲜，意在中国东北三省。如果朝廷任命他为钦差大臣督办朝鲜事务，他将不同日军在朝鲜争一城一池，而是练兵40万，以20万分屯沿海，以20万扼守鸭绿江，重点保卫东北三省，不使日本人越江一步。应该说，这是有先见之明的。事实证明，清廷在朝鲜与日本争夺一城一池，终于酿成平壤大败。左宝贵战死，人称"饭桶"的叶志超率溃兵雨夜狂奔，朝事越发不可收拾。刘铭传为什么不奉诏呢？

应该说这是诸种原因综合的结果。在中日战争爆发前夕和进行期间，针对前线诸军有将无帅的局面，清廷思虑再三，觉得只有两个人合适。一个是在家退养的刘铭传，一是甘肃新疆巡抚刘锦棠。京中一班有识之士，都认为刘铭传对日本政治、军事情况研究颇深，又具有疆场大规模作战的经验，也担任过福建台湾巡抚，属于朝廷的封疆大吏，就纷纷上书清廷，请颁诏任命刘铭传为钦差大臣督办朝鲜军务。但当时在朝廷主持大计的翁同龢拒不同意。经过激烈的争论，一个"折中建议"被通过。这就是由清廷寄一道圣旨给李鸿章，再由李鸿章奉旨电召刘铭传。这种极不符合清代官场礼数的做法，极大地伤害了性傲气盛的刘铭传。所以，时人记载了刘铭传悲愤之言："吾任封疆，即退处，固大臣也。今廷寄等之列将，岂朝廷所以待大臣之义哉！"时人还披露了清廷采取这种做法的用心：翁氏以这种"延不降明诏"的方式，是名义上叫李鸿章劝其出山，而"实阴尼之"，即暗地里阻止刘铭传出山。此为其一。应该说，这种说法有一定道理。因为清代官场虽重文轻武，一个武职正二品的总兵官，甚至不敢和文职正四品的兵备道分庭抗礼。但此时的刘铭传不再是当年抚法保台前担任直隶提督时的刘铭传了。他退处前是福建台湾巡抚，是朝廷的文武兼资封疆大吏。朝廷以这种简慢的方式对待他，有悖礼数。因此，时人的"实阴尼之"的说法有一定道理。

第二，李鸿章长子李经方的作用。李鸿章第一次奉旨电召刘铭传出山是在公元 1894 年 7 月 2 日。这封信是叫他的长子李经方带去的。李经方名义上虽是李鸿章的长子，而实际上却是李昭庆的过继。在李鸿章诸子中，他算是最有政治头脑的一个，也很想有所作为。但此人的口碑甚差，与他交好的只有刘铭传和袁世凯等几个人。其中刘铭传对他印象更好，"始终敬礼之"。据刘铭传自己说：经方至金陵应秋试，"吾入其寓之门，无门焉者。因而入其室，主人方读文，专心致意，若未见客之来也者。吾近察之，书几上置角黍一盘，糖一匙。因近墨盂，读时目视书取角黍，蘸糖食之，误蘸于盂，黑汁淋漓于口角，于此足征其好学。"读书专心到用粽子蘸墨汁吃，这使崇尚读书好学的刘铭传很受感动，也是他们关系很好的原因之一。在这次会见前后，史载李经方提到前方淮军有将无帅，他愿意代替李鸿章充任前敌统帅，请盛宣怀设法暗中托人陈奏，"如能奉旨赏给三品卿衔，授为钦差大臣督办朝鲜军务，实于大局有益"。这一想法遭到李鸿章爱婿张佩纶的激烈反对。他以自己的亲身经历向岳丈大人陈说，如果以不知兵的李经方统帅前敌，势将重蹈他的马江之覆辙。李鸿章这才打消了念头。于是，在李经方眼中，阻其出掌帅印的始作俑者是张篑斋（佩纶号），郎舅二人势成水火，官场上有"小合肥（李经方）必欲手刃张篑斋"的说法。这种种蛛丝马迹，可以窥探出李氏父子在带信给刘铭传之初，就可能向他表明李经方有领兵之意，因而使本来就在病中且家庭迭遭巨变的刘铭传望而却步。

第三，刘铭传病魔缠身和家庭迭遭巨变是刘铭传不奉诏出山的主因。刘铭传在长年征战中，因鞍马劳顿和中枪伤，身体一直不好。

刘铭传一生中曾给朝廷18次打报告叙述自己的病情。第一次是公元1871年8月24日（清同治十年七月初九日）。在报告中，他说自己："入夏以来，头风肝气，坐卧难安，渐入秋寒，愈增羸剧，足不出户，已逾兼旬。"这时他才35岁。时人曾论及刘铭传三番五次以病求去，赞之者誉他有名士风度，毁之者则贬他故作姿态。实际上，他的确有病，以后甚至病魔缠身，达到"无复生人之趣"的程度。例如，就在他抚台政绩、声望如日中天之际的公元1890年5月28日，在奕譞的提携下，刘铭传被任命为帮办海军事务，可谓春风得意马蹄疾。但10天后的6月7日，他就递上《耳目俱病请假一月折》，内中说："臣素患目疾，今已十年，叠奏乞假调理在案。到台之后，军事尤劳，两耳并聋，时发时愈，多方医治，左耳目俱废，右耳目尚保全；舍左用右，见闻犹未尽塞也。上年八月间，右耳闭气流水，初以为湿气上升，未尝着意。今春三月，亲剿宜兰番社，感受瘴湿，病痢旬余，几成危疾。不料痢疾粗安，手足麻木，酸痛不止，右耳闭塞，转甚昔时。方就医疗，右目又加红肿，下生云翳，上膜黑睛，阅看公文，昏花流泪，偶见僚佐，视听俱茫。"

这时，刘铭传刚刚54岁。第二年即公元1891年4月11日（清光绪十七年三月），刘铭传在奏折中说自己："咯血日多，饮食日少，筋骨疼痛，坐卧不安。左目已盲，右目又生云翳，红肿昏暗，咫尺不辨人形。"他的眼疾、风湿和肺结核病已十分严重。除此而外，他的家庭巨变，也使他的病加剧了。公元1894年2月，刘老圩的一场大火使他震怒不已。他要他的长子刘盛芬还出一个交代。刘铭传平时对儿子的教育十分严格，特别是对长子刘盛芬。有一年，刘盛芬到台湾去祝贺父亲的寿辰。刘铭传看到他的帖子上有候补道的字眼，就问这是怎么回事。刘盛芬告诉父亲，这是他花钱捐的。刘铭传当即将文案上的砚台向刘盛芬砸去，高吼道："有辱门风。"刘盛芬惊呆了，连忙讨饶。但刘铭传仍当庭杖责他50下。谁知公元1894年2月这场大火，使主持刘老圩的刘盛芬战栗不已。果然，刘铭传大怒，"驰书责其家居不慎，限期修复故居，否则毋相见"。刘盛芬情急于公元1894年4月6日自尽而亡。听到这个消息后，刘铭传"深悔之"，病情不由得加重。所以当7月清廷叫李鸿章电召刘铭传出山时，他的族侄刘盛休曾郑重告诉有关人士："家叔三月来信谓，心绪恶劣，目疾加增。"

　　谁知祸不单行。公元 1894 年 8 月 7 日，刘铭传的第三子刘盛萝的老婆袁氏（袁保龄之女，袁世凯的从妹）又因病亡故。刘盛萝自幼聪颖好学，十四五岁就渡台"侍壮肃公台湾官舍"，深得刘铭传喜爱，刘袁小夫妻恩爱情笃，袁氏病逝，刘盛萝悲痛欲绝，神情恍惚。刘铭传大恸，病情随之而加重。而此时正是李鸿章奉旨电召刘铭传入京的时刻。他能否出山就成了大问题。据刘铭传的儿子刘盛芸筹所撰《刘壮肃公行状》中记述：这时壮肃公"病势逾沉。二十年日本失和，府君忧愤时事，中夜起立，眦裂泣下，恨不置身行间，效古人马革裹尸之义。以旧病固结，不能奉诏视师，忧思郁结，病益剧增"。他所说的"以旧病固结，不能奉诏视师"，应该说是可信的。

　　所以，刘铭传在公元 1894 年 10 月曾给朝廷和李鸿章拍发了之所以不能奉诏视师的电报。电报说：

　　"来电敬悉。传两耳聋闭，左目早废，仅剩右目一线之光，畏见风日。兼之入秋家中又死亡相继，忧郁气结，肝风愈重，左边手足麻木，难以行动。庶民食毛践土，尚思报国，身受厚恩，何能漠视国事。接前敌电，不胜愤懑，无奈病难速愈，耳聋目暗，不能陛见，又不便见客，军事机密，岂可大声疾呼。庚午、庚辰、甲申皆奉谕即行，如稍可撑持，公谊私情，断不敢托词推诿。"

　　密切注视中国动态的日本军方及议院起初听说刘铭传要出山，立刻惊惶失措。后来见清廷并未委任刘铭传督师，而是派了一个金石学家、文人学士吴大澂统帅大军，赴辽抗日，立刻拍案叫绝："刘某不出，吾无患矣！"刘铭传在家得悉朝廷这种乱点鸳鸯谱的主张，不禁感叹道："观吴大澂之出，何啻王化贞之抚辽？夫翁氏之处枢廷，何啻叶向高之为相？"他把吴大澂比作明末大言轻敌、不懂军事的广宁巡抚王化贞，把翁同龢比作明末瞎指挥的首辅叶向高。他在忧虑辽东方面的军事形势，正像明末清军入关前夕的情景一样，已经不可收拾。

　　果然，公元 1895 年 3 月，中日双方在辽东半岛激战，以清军战败而告结束。气壮如牛的吴大澂急忙逃奔，全军溃散。原先主战但却不想任命刘铭传的光绪皇帝这时慌了神了，他以"宗社为重，边徼为轻"为由，下令李鸿章、李经方偕同美国顾问科士达前往日本马关,签订了丧权辱国的中日《马关条约》。台湾、澎湖列岛终于被割让给日本了。

当刘铭传听到这一消息后,就整日沉思不语。这期间,家人经常发现他不在房内,四处寻找,才见他茕茕孑立于花园之中,面向南方,喟喟哭泣。"男儿有泪不轻弹,只是未到伤心处。"看来刘铭传的确伤心透顶。在几天工夫内,他就变得步履蹒跚、老态龙钟,犹如被严霜打过的花草一般。不久,他开始口吐鲜血。家人到处为他求医,医生诊断为"忧思郁结,旧病增剧"。刘铭传重病在床的日子里,刘家人经常听到他在梦魇中呼唤"台湾"、"阿里山"、"阿里山"、"台湾"。于是刘家人将此情此状写给朝廷,写给李鸿章。据说,深知刘铭传心结的朝廷某高官竟写给他这样一封回信以宽慰他:"割台实有不得已者,但足下锐意经营之台岛,乃日人所最喜悦,必继承之不废。仁兄多年淬励之治绩,亦将永保不灭,幸安心之。"这封名为宽心实为戳心的信,被刘铭传扔到地上。顷刻间,他吐血不止,昏迷不醒。公元1896年1月12日凌晨1时,这位首任台湾巡抚含恨逝世,终年六十岁。死后,遗疏入,清廷谥壮肃,晋赠太子太保衔。

《刘氏宗谱》所载刘铭传坟图

刘铭传去世了,台湾本土人士林维源、林朝栋、李春生等不愿做亡国奴,纷纷举家内徙,回到大陆。有人曾问林朝栋等为何丢弃家业归来？他含泪说道："吾等不忍负刘公也。"听到刘铭传去世的消息，他们设牌焚纸祭拜，宣读李春生所写的祭词，追忆爵帅在台功绩：

"练军队以厚兵力，筑炮台以强海防，设制局以造军械，赐官爵以赏战功，集捐输以充经费，厚礼聘以聚异才，讨生番以辟荒土，兴织造以杜漏卮，惠商贾以广交易，筑铁路以便交通，架电线以灵消息，购船舶以增航路，立公司以结商团，开法院以平讼狱，聘西医以疗疾病，建学堂以施教育，定租界以待外使，置隘勇以密巡防，兴水利以资灌溉，开矿业以集材料，铸货币以便民生，革税法以维国计，开脑厂以制樟脑，设厘局以征鸦片。呜呼，刘公，你是个有大勋劳于国家者。"

刘铭传去世了。他原行营建的刘老圩宅第曾毁于一场大火，以后刘家人重新花钱修建，但规模已大不如前。如今刘老圩已是旧貌换新颜，但仍有旧迹可寻。有关部门在建国后一直在此驻扎，近几年已撤出，合肥市人民政府正加紧修建，使它成为一所影响海内外的爱国主义教育基地。六安九公山附近的刘新圩宅第在刘铭传去世后一年即公元1897年夏，被一场洪水淹没，以后一直没有恢复。新中国建立后，这一带兴建响洪甸水库，刘新圩所在地属于水库淹没区，因此它的遗址在今六安金寨县响洪甸水库水面下。刘铭传的棺柩葬在肥西县金家桥吴家小院墙处。新中国建立后由于兴修马路，刘氏后人将刘铭传骸骨捡出，在合肥火葬场焚成骨灰，由刘氏后人刘朝望和刘肃曾妻李象琇用精致骨灰盒装好，先存放苏州灵岩寺庙中，十年动乱期间，又移埋在长丰县杨公庙的一条小河边。如今，合肥市人民政府将作出新的安排，作为纪念刘铭传系列设施的重要组成部分。刘铭传所钟爱的虢季子白盘，如今已作为国宝，珍藏在北京中国历史博物馆内。公元1983年12月，一部保存完好的计17卷18本的《刘氏宗谱》在肥西县南分路口乡被姚永森发现，收藏者为本乡老农刘学树。海内外报刊如香港《大公报》、《人民日报》（海外版）、《新华文摘》和《中国新闻》均作了重大报道。接着又在省图书馆故纸堆中，发现刘铭传儿子刘盛芸、刘盛蒂、刘盛芥撰写并刊刻的《府君北肃公行状》书稿。清廷褒奖刘铭传的《御制碑文》石刻也被发现，现存安徽省博物馆内。

　　刘铭传去世了。他在台岛实施"近代台湾产业开发计划"所取得的硕果及其积累的文献、资料，日本占领者或沿袭用之，或千方百计地寻觅之。"其建设措施，多沿袭我刘壮肃治台方略，扩而实行之。"当年梁启超游台时就曾指出："刘壮肃治台六年，规模宏远，经划周备，后此日人治绩，率袭其旧而光大之耳。"刘铭传在台清赋的所有文献资料包括他的谕示及领丈单人的收据都被日本人收集起来，汇编成书，成为他们日后在台清丈土地的重要参考文献。刘铭传离台前夕筹设的龟山水力发电站的文献资料也被日本人窃取。在公元 1902 年，有一个名叫土仓庄三郎的日本实业家，按照刘铭传遗下的图纸和计划，组织了一个会社，兴建了一个具有 500 千瓦发电能力的龟山发电厂。日本总督府见有利可图，立刻收买过来，予以扩建，到公元 1905 年 9 月竣工营业，首向台北一带供电。时人曾慨叹：龟山水力发电站，"刘氏肇其端，而日本人收其用，悲夫"。刘铭传在台湾铺设的由沪尾至福州、安平至澎湖两条海底电缆，在公元 1898 年 12 月 7 日，由清廷派出盛宣怀与日本签订了《中日会订售让台闽海线合同》后，即出卖给日本。记载刘铭传抚台实绩的《清光绪台湾通志》手稿，在台湾沦陷后，被有关人士带回大陆。日本台湾总督府在派出谍报人员多方侦探确实后，由日本驻福州领事馆出

安远炮台

面,于公元 1907 年,以 150 块银元购获,送回台湾,藏之于台湾总督府图书馆,"其本意在以资为政者之参考"。至于刘铭传治理台湾的其他文献、资料,日本人无不一一觅求,并在此基础上汇编成多册书籍。对于清廷来说,这真具有悲愤的讽刺意味;它也从反面证实,作为首任台湾巡抚的刘铭传为国家和台湾作出了重大贡献,"溯其功业,足与台湾不朽矣。"

附录 铭传之诗

　　福建侯官人陈石遗,光绪举人,曾任学部主事和张之洞的幕客。他的诗名甚大,和陈三立、沈曾植并称为清末同(治)光(绪)体诗派领袖。他生性倨傲,论诗极严,"海内诸诗家无不以得其一言为荣"。就是这样一个文人名士,却把目光对准了武人刘铭传的诗上。他称赞晚清诸将"唯合肥刘公省三能诗文词"。他还把刘铭传的诗收进他所著的《近代诗钞》中予以高度评价。由此,就不能不对刘铭传的诗作一番介绍。

　　刘铭传的诗现在能见到的大致分为两类。一类是结集出版的,如《大潜山房诗钞》一卷,是刘氏在公元 1860 年至 1866 年期间的作品。另一类是未有结集出版,散落在故乡或居官之地,被他的友人珍藏或口口相传的。其中抚台和辞职归乡期间的诗多已散佚或在"文革"中焚毁,殊为可惜。

　　《大潜山房诗钞》共收集了他的作品 116 首。按体裁区分,有五律、七律、五古、七古,而以律诗为多。诗抄的内容约可分为戎马纪事、怀古感事、赠友道情、即景抒怀四类。其中戎马纪事类共计 40 余首,在诗抄中占有较大篇幅。这类诗歌通常以白描的手法,记叙他跟随李鸿章参与平定太平军和捻军的见闻。如《上海军次中丞接篆日》、《除夕马乡寺题壁》、《汝阳道中感事》、《宝堰军次夜占》、《战归》等。在这类诗歌中,刘铭传也多少客观地暴露出清朝军队的真实面目。如五古《郊行》就透露出官军也是戕害人民的"贼军"。在这首诗中,刘铭传记叙了他与随从郊行时,一乡间老叟"走避殊仓皇"。问其缘由，老叟告知："今夏贼去后，大兵过此乡。贼至俱先备，兵来未及防。村内掳衣物，村外牵牛羊。人多不敢阻，势凶如虎狼。老妻受惊死，一子复斫伤。骨断不能起，至今犹在床。暮年寡生计，空室无斗粮。所幸此身健，勉力事田桑。近凡见兵马，畏怯故走藏。"此情此景，不禁使刘铭传想起昔日境遇、母亲之死，于是他在"殊太息"、"思彷徨"之后，发出了严厉的责问：

问彼统兵者，曾否有肝肠？

灭贼自为贼，何颜答太苍？

这种责问是刘铭传真实人性之光的进射。

在刘铭传其他三类诗作中，作者较为集中地反映了他的三种情感。

一是对早年不遇的愤懑。这种情感散见于他的《题风雨穷途图》、《庐江道中》、《遣怀》等诗中。如《庐江道中》，刘铭传叹道："马前父老拜纷纷，争把壶浆供大军。昔日江湖曾落魄，吹箫时节几人闻。"又如《题风雨穷途图》，作者在诗中咏叹道："午夜冲寒唤渡河，满天风雨怅如何。一身落落谁知己，四顾茫茫且放歌。岂是芦中人来识，恐教髀里肉生多。画工似有规依意，不写逍遥写折磨。"这可以看作是作者早年落魄不遇时真实情感的宣泄。

二是率真性格的流露。如《甲子冬以师行还家夜中偶作》。这首诗作于公元1864年，是刘铭传从广德回家乡休假又奉旨出行时的作品。诗中流露出他对家庭生活的留恋："剪烛西窗夜话时，旷谈不觉夜眠迟。堂前灯火听儿读，枕上吟哦教妾诗。风雨一家团骨肉，干戈何处望旌旗。中兴愧我无功绩，且幸还乡慰别离。"表现这种对家庭离别之伤的还有《出门》："久客得归家，山居乐鸡黍。忽传羽檄来，催促出门去。临行别妻孥，相看无一语。稚儿放声哭，牵衣问行所。昔岁征吴越，今当入秦楚。壮士既从军，此身长羁旅。别离情实伤，军檄书难拒。愿儿早长成，一剑付与汝。"刘铭传生性坦率真挚，伉直爽朗，对名利看得较淡。虽位居高官，但能言人之不敢言，所以他的老师李鸿章曾对他评价道："其视荣利亦尚超脱，但素性轻率。"这种性情在他的诗中也有真实的流露。如《有感》："不幸入官场，奔劳日日忙。何曾真富贵，依旧布衣裳。负性无谦假，宜人说短长。莫如归去好，诗酒任疏狂。"再如《无锡道中》。这首诗作于公元 1863 年。时年 26 岁的刘铭传已被擢升为记名提督,实职是总兵,相当于现在享受兵团级待遇的正军职官员。他在这首诗中写道:"满地烽烟百战收,轻舟来去任情游。青鞋布袜无官气,一样同人上酒楼。"又如《小船》一诗,他睹物咏心,借景抒怀,将他的真实心境作了一次大披露:"扁扁一叶舟,茫茫大江水。纵有恶风波,来去任情使。来去能自由,险危何所恃。生小江湖惯,纵横波涛里。不问潮起落,先自定行止。"他身居高官,却十分向往"来去能自由"的境界。

三是功成隐居、急流勇退的思想。反映这种情感的诗句在诗抄中俯拾皆是。如"解甲还乡去,入山种翠薇。"(《偶作》)"行止不如愿,功名困此身。秋来作归计,解甲洗征尘。"(《寄刁畹兰》)"何时解甲离沙场,轻舟江山重来往。"(《别江南》)"还乡思隐退,对景阔心胸。有此托身处,何须万户封。"(《登焦山寺》)等等。产生这种思想情感的主要原因有四:

首先是病魔缠身。在多年的戎马生涯中,刘铭传除受过枪伤外,还患有严重的关节炎、高血压、肺结核和目疾等病。病一发作,人即昏晕过去。这种状况使他"年当半甲子,壮志渐消磨"(《三十自寿》)。昔日封爵受谥的"壮志",在病魔的袭击下,逐渐淡化。急流勇退、功成隐居的思想也自然日益浓厚起来。诚如刘铭传在《病中》一诗中所表白的那样:"病里心烦躁,思安厌客来。身闲由仆懒,风紧怕窗开。日睡眠三觉,朝衔药一杯。乞归文早去,不见答书回。"其次是对清朝官场重文轻武风气的不满。在《大潜山房诗钞》中,我们可以看到刘铭传在诗中再三提到:"武夫如犬马,驱使总由人","武夫谁不贱,仆射大臣风","官场贱武人,公事多掣肘"。这种风气的弥漫,甚至在他成为福建台湾巡抚、总算有了文武兼资的身份后,也难以避免"公事多掣肘"的结局。这不能不使他产生隐居身退的思想。第三,刘铭传一生读书甚多,既有儒家的"齐家治国平天下"的精神,也有道家的"隐逸"思想。"穷则独善其身,达则兼济天下"是他年轻时思想的主流。一旦位居高官后,他又无限惆怅,病魔和官场上种种不顺心的事,使他"为嫌仕官无肝胆,不惯逢迎受折磨",陶渊明式的"采菊东篱下,悠然见南山"的思想油然而生。他的友人王树楠说他"生性恬淡,功成不居",应该说是比较真实的。

也正因为如此，刘铭传"自始出治兵，迄居方镇，凡五进，而乞退之疏十八上"，也就是说要求归田的奏折超过了18次。急流勇退思想的激烈由此可见一斑。最后是有了隐居勇退的基础。刘铭传早年落魄，颠沛流离，饥寒交迫，尝够了人间的酸甜苦辣。到公元1856年，他因"官亭抢劫事件"的嫌疑，老母死了，家被烧了，人遭通缉了，妻离子散了，处境十分窘迫和艰难，可以说整个是一个赤贫的地位。此时的他，不可能有"隐逸"思想。但在平定太平军和捻军、职居清军提督之后，他的政治地位迅速跃升，由此带来的是他的经济基础的丰厚。据《刘氏宗谱》载，刘铭传位居高官之后，在家乡广置田产，肥西一带，方圆数十里，尽是刘家田。仅为刘氏义庄，他就"捐田千石，市房七所"。这说明，刘铭传在那场大动乱中已成为新贵。"有此托身处，何须万户封"的思想迅速充盈他的心灵。但由于连年出征，马不停蹄，使他难以安度他那新贵的舒适的"隐逸"生活，这对于刘铭传来说，是痛苦难忍的，不由得产生出"不幸入官场，奔劳日日忙。何曾真富贵，依旧布衣裳"的想法。正因为如此，也由于有了"托身处"，刘铭传才动极生静，厌倦起戎马生涯来，并频频打报告给上级和皇帝，要求归乡隐居，安度他那恬静、舒适的田园生涯。在已经"富贵"了的刘铭传看来，他有条件咏叹："莫如归去好，诗酒任疏狂。"

刘铭传诗歌的艺术风格是别具特色的。前人陈石遗曾在他的《石遗诗话》中评论刘铭传的诗对仗工整，极具灵性，出语天然，不假雕饰，"仍近乐天"，就是说接近唐代大诗人白居易的风格。体现这种特色的诗句在《大潜山房诗钞》中颇多。如"心静无春梦，天寒有鹤声"（《雪夜》），"三年烽火千家泪，满地干戈一叶舟"（《昆山道中》），"轻舟挂起一帆行，两袖难禁双泪落"（《堰桥送子璧归里》），"途路行千里，家书无一行"（《济宁军次口占》），"一年仅此日，万里是前程"（《除夕马乡寺题壁》），"一灯诗酒增怀感，几日萧疏洗甲兵"（《久雨中秋晚晴》），"千里关河隔，一行书信难"（《赠蒯蔗农观察》），"好管是非生性直，不忧得失此心宽"（《偶作》），"师行皖北千家望，春到江南万物苏"（《无为道中答张小亭》），"怀人千里隔，照我一灯明"（《雪夜》），"名士无妨茅屋小，英雄总是布衣多"（《遣怀》），等等。这些都是佳句，足可见刘铭传诗情之豪迈，对仗之工整,诗句之真挚素朴,逼近了白居易。正因如此,王友竹在他的《台阳诗话》中评论道:"刘省三爵帅铭传,为中兴名将。治台数载,百废俱兴。外人尝目为政治家之巨子,所著《大潜山房诗钞》,曾文正公亲为序行。其间名句,美不胜收。"这应该说是公允之评。

刘铭传这个少年失学、草野出身的武将,能作出较好的诗句,不是无缘由的。在主观上,这与他的奋发自学有关,在客观上则和他的丰富的生活阅历和恩师李鸿章的劝诫密不可分。王友竹在他的《台阳诗话》中评价刘铭传诗歌艺术取得一定造诣的秘诀是:"皆从阅历中得来,非他人所能道也。"这一评论是较为中肯的。但阅历是不断地变化的。少年得志的刘铭传也有走歧路的倾向。刘铭传32岁取得一定成就后,曾在李昭寿的诱引下,放荡不羁,率意所为。李鸿章获讯后就及时写信劝诫,要他远离昭寿,远离醇酒,远离妇人,"多读古人书,静思天下事,乃可敛浮气而增定力",并郑重地告诉他:"后十数年之世界,终赖扶持,幸勿放浪自废为祷!"劝诫之语不可谓不凝重。刘铭传听下去了,作了深刻的反思,并在"读思"上狠下了功夫,终于在学识和诗歌艺术上有了颇大的长进。

《大潜山房诗钞》一卷看来在刘铭传在世时就结集出版了,最迟时间在公元1880年(清光绪六年)。因为这年冬,刘铭传奉诏入京,12月3日上《筹造铁路自强折》,12月4日到当时光绪皇帝师傅翁同龢处拜谒。翁氏日记记载,刘省三赠虢季子白盘拓本并诗一册。诗一册即是《大潜山房诗钞》一卷。翁氏在日记中认为诗作"字挟风霜",很有水平,咏物怀人之句颇含感情,并称赞他为"武臣中之名士也"。实际上,早在公元1866年12月,《大潜山房诗钞》就已形成集子。这年12月下旬曾国藩在河南周家口曾应刘铭传之请而为它作了一个序言。不轻易公开夸人的曾氏在序文中说:"山谷学杜公七律,专以单行之气,运于偶句之中。东坡学太白,则以长古之气,运于律句之中。樊川七律,亦有一种单行票姚之气。余尝谓小杜苏黄,皆豪士而有侠客之风者。省三所为七律,亦往往以单行之气,差于牧之为近。盖得之天事者多,若能就斯途而益辟之,参以山谷之倔强,而去其生涩,虽不足以悦时目,然固诗中不可不历之境也。省三用兵亦能横厉捷出,不主故常,二十从戎,三十而拥疆寄,声施灿然,为时名将。维所向有功,未遭挫折,蔑视此房之意多,临事而惧之念少。若加以悚惕戒慎,豪侠而具敛退,气象尤可贵也。余览其诗卷,因题数语以勖勉之。"由此可知,曾氏对他的诗褒奖颇多,期望尤深。有了曾序,诗集自然就会刊刻出版。这也是公元1880年刘氏拜访翁大学士赠诗卷一册的前提。

至于以后传世的诗抄是重刻本。重刻本由张文运题署,载明"岁次壬戌八月刊于沪上"。壬戌即民国十一年,也是公元1922年。上有刘铭传画像。同光体诗派的另一领军人物陈三立为诗抄题词。词云:"秉翊中兴,绥定扫荡。公起百战,勋冠诸将。大猷雄略,屹为屏嶂。图形紫光,褒鄂颉颃。"卷首载有曾国藩公元1866年12月(清同治五年十一月)所作的"诗叙"和陈石遗在公元1922年8月所写的"诗叙"。其中陈石遗的"诗叙"是他应刘铭传的孙子刘蘅庄约请而写的。

刘氏后代在42年后仅把《大潜山房诗钞》重刻一遍,对刘铭传在公元1866年之后的诗作,特别是抚台时的诗作没有收进诗抄,这实在是令人惋惜的事情;经过"文革"的焚毁,又让人感到这是无可挽回的憾事。我们只好从实物和书籍中仔细搜觅吉光片羽,摆在新安大讲堂的书稿上,作为他另一类诗今后结集出版的滥觞:

△辉生观察出使海外,名震一时,赠此奉正
　圣代即令多雨露,贤声此去有光辉。
　　　　　　　省三弟刘铭传
△题郑延平祠楹联,光绪己丑夏(即公元1889年6月)
　赐国姓,家破君亡,永矢孤忠,创基业在山穷水尽;
　复父书,词严义正,千秋大节,享俎豆于舜日尧天。

　　　　　　　　　　　　　　　　(抚台期间)

△公元1884年陛辞后被一班权臣文人强赋诗一首
　自幼从戎未习文,诸公何故命留题。
　琼林宴会君先到,塞上风光我独知。
　剪发结缰牵战马,拆衣抽线补征旗。
　貔貅十万临城下,请问先生可有诗?
△台湾省立图书馆有刘铭传所作木刻联一对,时间为光绪辛卯仲春谷雨(公元1891年4月20日)

千万间大厦宏开,遍鹿岛鲲洋,多士从兹承教育,

二百年斯文远绍,看鸾旗鼍鼓,诸君何以答升平?

(抚台期间)

△赠台湾李金灿父小中堂(公元 1891 年)

有本事生了事,生出事变作无本事,

无本事省了事,省了事即是有本事。

(抚台期间)

△巢湖淮军忠昭祠题联

升高以望东关,情随事迁,百战江淮如昨日;

积厚仍归南岳,才为世出,再生申浦更何年。

△乙未冬绝笔诗(公元 1895—1896 年)

历尽艰危报主知,功成翻悔入山迟。

平生一觉封侯梦,已到黄粱饭熟时。

△台湾大科坎莲座寺题联(公元 1886 年 3 月)

一品名山,万年福地。

(抚台期间)

△《劝番歌》

劝番切莫去抬郎,抬郎不能当衣粮。

抬得郎来无好处,是祸是福要思量。

百姓抬你兄和弟,问你心伤不心伤。

一旦大兵来剿洗,合社男女皆惊慌。

东逃西走无处躲,户屋烧得一片光。

官兵大炮与洋枪,番仔如何能抵挡?

不拿凶手来抵命,看你跑到何处藏?

如若你们不肯信,问问苏鲁马那邦。

莫如归化心不变,学习种菜与种田。

剃发穿衣做百姓,有衣有食有钱粮。

凡有抬郎凶番仔,哪个到老得保全?

你来听我七字唱,从此民番无仇怨。

(抚台期间)

△光绪岁次己丑仲冬(公元 1889 年 11 月)狮球岭隧道题联

十五年生面独开,羽毂飙轮,从此康庄通海屿;

三百丈岩腰新辟,云梯石栈,居然人力胜神工。

(抚台期间)

△《垂钓寒溪》(公元1886年秋)

山泉脉脉送寒溪,溪上垂杨拂水低。

钓罢秋水闲觅句,竹竿轻放断桥西。

(抚台期间)

△刘老圩盘亭对联

盘为国宝　亭护家珍

△"大潜山房"题联

解甲归田乐　清时旧垒闲

△赠友人联

争睹景星庆云为快,乐居廉泉让水之间。

△自题梅花图

圈圈点点又叉叉,顷刻开成一树花。

若问此花何人画,大潜山下刘六麻。

△贺李鸿章寿打油诗

时人个个好呵包,鸡鱼肉蛋整担挑。

唯有省三情太薄,二斤挂面两条糕。

△大潜山真武庙楹联三副

十载河东十载河西,眼前色相皆成幻;

一时向上一时向下,身外功名总是空。

往事不堪论,眼看金身再塑,个中人酸甜自别;

昔人多不见,面迎皓月一轮,天下事褒贬由谁。

万户侯何足道哉,听钟鼓数声,唤醒四方名利客;

三生约非虚信也,借蒲团一块,寄将七尺水云身。

附录　铭传年谱

● 1836 年（道光十六年）

4 月 27 日（三月十二日），铭传祖父刘庭忠去世。9 月 7 日（七月二十七日），铭传诞生。刘惠夫妇时年 46 岁。

● 1838 年（道光十八年）2 岁

铭传因生得天庭饱满，隆鼻宽额，双目炯炯有神，深得父母喜爱。

● 1840 年（道光二十年）4 岁

铭传于是年得天花，痊愈后，脸上留有"疏麻"。

● 1847 年（道光二十七年）11 岁

9 月 26 日（八月十八日），铭传父刘惠去世，终年 57 岁。铭传被母亲送到大潜山北清规寺私塾，从其堂侄兼老师刘盛藻读书。

● 1849 年（道光二十九年）13 岁

铭传大哥铭翠于 4 月 26 日（四月初四日）去世，终年 39 岁，三哥铭盘不久也去世。铭传挂名清规寺私塾，开始与同乡人长途贩卖私盐。

● 1850 年（道光三十年）14 岁

铭传母周氏劝其儿铭传不要贩私盐，铭传不听。

● 1851 年（咸丰元年）15 岁

周氏为儿铭传说亲，订下六安枣树甸程家圩程礼仁女儿。

● 1852 年（咸丰二年）16 岁

铭传与程氏结婚。程氏比铭传大 6 岁，时年 22 岁。

● **1853 年(咸丰三年)17 岁**

铭传复离家贩私盐,兼打散工。是年冬曾为私盐被没收报复洗劫六安麻埠镇胡姓当铺。

● **1854 年(咸丰四年)18 岁**

铭传成为贩卖私盐团伙的小头目。

● **1855 年(咸丰五年)19 岁**

本年,铭传率自己拼凑的一支小武装,以他和唐殿魁为首,活跃在六安、合肥、霍山等地。

● **1856 年(咸丰六年)20 岁**

8 月(七月),铭传家 10 余里处官亭镇某富户被哄抢,众人均认为刘铭传为主使者。8 月 21 日,官府派兵去刘家捕人索赃,不在,便焚烧其房。程氏携子女逃归六安娘家。当天傍晚,其母周氏"惊殁"。乡间流传说:周氏当天吊死桂花树下。其原因是当天下午刘铭传回家,听说豪强李天庆乘乱到刘家对铭传大伯父及兄长欺凌,怒火填膺,返身追出 6 里,与之论理,并夺刀手刃了李天庆,周氏惊吓过度,自杀身亡,遗体草葬。为前途事,铭传向老师兼族侄刘盛藻问计。刘盛藻建言组织团练。

● **1857 年(咸丰七年)21 岁**

是年春,淮河南北大旱,赤地千里,饥民成群。铭传筹组的小团练行游在六安、霍山、合肥、舒城之间,日奔驰于烽火扰攘之中。

● **1858 年(咸丰八年)22 岁**

2 月 6 日,铭传大嫂王氏饿死。大旱继续,饥荒严重,以致人相食。铭传回肥西。4 月 23 日(三月初十日),铭传老师刘盛藻母周氏死。逃荒归来的刘盛藻与铭传共同兴办团练,捍卫乡里。铭传率众筑刘老圩。5 月 20 日(四月初八日),铭传次兄刘铭玉饥病交加而死。与刘铭传筑圩同时,刘盛藻在清规寺筑圩团练,原任山东藩司李元华在马埠寺筑圩团练。

● **1859 年(咸丰九年)23 岁**

是年,刘铭传团练成,有练众 300 人。9 月 1 日(八月初五日),刘铭传、刘盛藻率团练随李元华攻打太平军所据守的肥西长城、官亭两地,太平军退走六安。刘铭传被褒奖千总,赏五品顶戴。铭传团练发展至 500 余人。12 月 31 日(十二月初八日),铭传五哥铭彝在团练中战死。

●1860 年（咸丰十年）24 岁

秋，铭传与盛藻带团练 5000 人，自备粮饷，援救寿州清军，并分一部扎守六安阻击太平军和捻军。事被袁甲三闻知，上书曾国藩，以作保举。铭传晋都司衔。

●1861 年（咸丰十一年）25 岁

是年冬，铭传率团练协助清军攻打肥西附近的三河镇，太平军撤退至庐州。12 月（十一月），李鸿章回庐州一带招募淮勇。张树声、周盛传等推荐铭传。李鸿章亲自召见，命他与刘盛藻组织一支 500 人队伍，随同他赴上海作战。"铭字营"建立。

●1862 年（同治元年）26 岁

2 月（正月）铭传率"铭字营"500 人随李鸿章到安庆，受曾国藩接见。4 月 8 日（三月初十日），铭传随淮军自安庆乘英轮抵达上海，驻扎新桥。不久，随同洋枪队一起攻打太平军。

5 月 20 日（四月二十二日），"铭字营"攻占浦东杭头、新场两营垒，招降太平军刘玉林、吴建瀛部，"铭字营"扩大至千余人。5 月 28 日（四月三十日），又会同潘鼎新部占领南汇。

6 月 1 日（五月初五月），铭传部占领川沙。事后清廷晋刘铭传以游击补用，并赏戴花翎。

7 月（六月），刘铭传部趁太平军回师援救天京之机，占领奉贤县、金山卫。清廷谕旨，刘铭传以参将补用，并赏给"骠勇巴图鲁"名号，"铭字营"在奉贤县城内滋事，刘铭传受革职留用处分。

11 月 13 日（九月二十二日），刘铭传攻占上海虹桥四江口。事后开复原官，并以副将衔尽先补用。

●1863 年（同治二年）27 岁

2 月（正月），铭传部攻福山，以解常熟之围，事后以解常熟有功，被擢为以总兵补用。

4 月（三月），铭传率部攻太仓，5 月 2 日（三月十五日）占领。接着又攻占昆山。6 月 8 日（四月二十二日），占领兵家要地杨厍汛。8 月（七月），铭传部攻打江阴，9 月 11 日（七月二十九日）占领之，以功被清廷晋升为以提督记名尽先简放。

11 月 21 日（十月十一日），铭传部逼临无锡城，12 月 21 日（十一月初二日)占领之。清廷赏赐他头品顶戴。此后,刘铭传部与淮军其他各营合兵攻打常州。

12月25日(十一月十五日),刘铭传攻常州时,被太平军枪弹击中顶额,经抢救活命,留下深深疤痕。半年内,铭传部屯兵常州城下。

● 1864 年(同治三年)28 岁

5月11日(四月初六日),在常胜军协助下,刘铭传部攻下常州。护王陈坤书被执身亡。刘铭传驻扎护王府,获国宝"虢季子白盘"。

8月,铭传奉命追击太平军余部,8月28日(七月十七日)占领湖州后不久,又占广德。清廷上谕擢刘铭传为直隶提督。"铭字营"至此已成铭军,分左中右3军,每军6营,共18营,合亲兵队、炮队、幕僚,约计8000人。

12月10日(十一月十二日),铭传奉命率军自广德、建平(郎溪)拔队北上,赴六安、霍山一带驻防。年底归刘老圩与家人共度春节。

● 1865 年(同治四年)29 岁

5月(四月),清廷因僧格林沁部覆灭而震怒,传旨申饬曾国藩,并将刘铭传革职留任。

6月(五月),清廷催促曾国藩北上灭捻,刘铭传奉命随曾北上。6月8日(五月十四日),行抵山东济宁。

7月16日(闰五月二十四日),刘铭传奉命率部自济宁拔队至徐州驻防。其间,他提出"定长墙圈制与扼要设防、分道兜剿"的灭捻计策。

8月(六月),铭传率部驻扎河南周家口。

12月中旬(十月底),铭传率部救援湖北黄陂。

● 1866 年(同治五年)30 岁

2月(十二月),刘铭传部与捻军在黄陂展开激烈战斗。2月14日(十二月二十八日),攻占黄陂。清廷谕旨开复原官。

5月(三月下旬),刘铭传请求休息,被清廷驳回。6月、7月,刘铭传建议筑沙河防线。获准后,督兵自朱仙镇以下兴筑一条长数百里的堤墙,以围困东捻军。

9月(八月),沙河防线竣工,9月24日(八月十六日)夜,东捻军突破清汴梁堤墙,进入河南中牟。刘铭传率部围追堵截。11月19日(十月十二日),曾国藩以进攻捻军无效,引咎辞职。刘铭传将自己所作的《大潜山房诗钞》交曾氏,请求作序,曾国藩欣然作序。

12月(十一月),铭传奉命重归淮系,属李鸿章指挥。奉命阻击入川和闯武关的捻军,后驻扎湖北宜城。

● 1867 年(同治六年)31 岁

2月19日(正月十五日),东捻军在湖北尹隆河畔大败刘铭传部。铭军被歼灭大半。唐殿魁、李锡增等大将战死,刘铭传等几乎被俘。

3月(二月)至5月(四月),刘铭传率残部驻扎河南信阳休整。6月(五月),刘铭传提出围困东捻军的"守运河进扼胶莱"的计策。

7月(六月),与潘鼎新到胶州莱阳一带察看地势,并督工赶筑一条280余里的长墙防线。

11月(十月),刘铭传收买东捻军部下潘贵升、邓长安。11月19日(十月二十四日)在江苏赣榆,潘、邓杀害任柱,致东捻军被刘铭传部击败。事后,刘铭传被清廷赏赐白玉柄小刀一把,火镰一个,大荷包一对,小荷包两个。

● 1868 年(同治七年)32 岁

1868年1月(十二月),李鸿章在平定东捻军后,为刘铭传请赏。清廷赏赐刘铭传三等轻车都尉世职。

1月至7月(正月至五月),刘铭传经李鸿章同意,在家乡养病。

7月26日(六月初八日),铭传奉旨催促,抵达山东东昌县铭军大营。

8月16日(六月二十八日),铭传率部与郭松林湘军合兵进攻西捻军。张宗禹兵败,不知下落。刘铭传率部在徒骇河查找,向李鸿章上报张氏已投水淹毙。西捻军失败后,清廷谕旨,刘铭传以三等轻车都尉晋爵一等男。铭传奉诏驻扎山东张秋县。铭军自此已有12000余人,分步、骑、炮等兵种。

● 1869 年(同治八年)33 岁

春,上书清廷,请求免职归乡养病,获准。铭军调防至河北沧州,由刘盛藻统率。

● 1870 年（同治九年）34 岁

春，铭传嘱家人修《刘氏宗谱》。8 月 1 日（七月初五日），李鸿章奏请刘铭传来天津办军务。临行前，在家乡创办肥西书院。

9 月 11 日（八月初六日），刘铭传奉诏自刘老圩赶赴至河北沧州铭军大营，部署军事，建议与法军决一雌雄。

10 月 27 日（十月初四日），铭传赴京师接受两宫太后及同治帝召见。即奉上谕率铭军赴陕甘督办陕西军务，获专折奏事的特权。

12 月 27 日（十一月初六日），铭传到达西安。不久率部移驻乾州。

● 1871 年（同治十年）35 岁

自上年 12 月至本年 4 月，铭传驻扎乾州，指挥铭军打通陕甘粮道，并沿途阻截零散回民义军。

5 月 22 日（四月初四日），清廷密旨铭传，监视汇报左宗棠大军情况。6 月 11 日（四月二十四日），刘铭传上折揭左宗棠部之短。

8 月 24 日（七月初九日）和 9 月 9 日（七月二十五日），铭传两次上折请求清廷批准他归乡养病，未获批准。

10 月 22 日（九月初九日），铭传又上折陈述病情，请求准假。10 月 29 日（九月十六日），获准赏假 3 个月回籍调理，铭军在陕甘已发展至 20000 人。

● 1872 年（同治十一年）36 岁

1 月（上年十二月），铭军在陕哗变。2 月，自陕归乡休养的刘铭传因铭军哗变事交部议处，予以革职。刘铭传痛心疾首。在家乡捐田千石，市房 7 所，嘱同族人创建刘氏义庄。

● 1873 年（同治十二年）37 岁

本年，铭传在家赋闲，时常到南京、芜湖、杭州等地游历。

● 1874 年（同治十三年）38 岁

6 月（五月），铭军奉诏驻防山东济宁。经李鸿章、袁保恒、刘盛藻、邵汴生等人周旋，清廷"特旨，已革提督刘铭传着赏还原官"。

本年，刘铭传在家乡和江南各城居住或游历。

10 月 6 日（八月二十六日），刘铭传四哥刘铭鼎死。

● 1875 年（光绪元年）39 岁

本年，刘铭传居家赋闲，间或游历江南。在南京刘和厅宴请诸名士文人时,曾说:"中国不变西法,罢科举,火六部例案,速开西校,译西书,以厉人才,不出十年,事且不可为。"

刘盛藻归家,铭传与他商议在六安山中另筑新圩。刘铭传选址六安九公山一带,刘盛藻选址六安马家湖。刘铭传本年将他保存的平定太平军和捻军时期的文牍、书信、奏议"一以火之",只保存陕甘奏议4卷。

● 1876 年（光绪二年）40 岁

本年,刘铭传居家赋闲,间或游历江南各地。

● 1877 年（光绪三年）41 岁

1月福建巡抚丁日昌巡视台湾。刘铭传朋友刑部左侍郎袁保恒奏请台湾改设行省,未成。本年,刘铭传仍居家赋闲。

● 1878 年（光绪四年）42 岁

本年,刘铭传仍居家赋闲,间或游历江南各地。

● 1879 年（光绪五年）43 岁

9月（八月）,刘氏义庄建成,刘铭传为此作《义庄序》,并捐款创办义庄学校。

● 1880 年（光绪六年）44 岁

9月（八月）,清廷下诏刘铭传入京计议军国大事。刘铭传以"眼疾",表示请假,清廷准假两月。

11月10日（十月初八日）,刘铭传从家乡起程,至天津。11月28日（十月二十六日）到京师。

12月3日（十一月初二日）,铭传应李鸿章之请,上《筹造铁路自强折》,主张在中国修造两条主干铁路。一条由清江经山东到达北京,另一条由汉口经河南到达北京。清廷下诏交王公大臣、六部九卿、各省督抚讨论此事,遭到顽固派极力反对,事未成。

● 1881 年（光绪七年）45 岁

2月（正月）,刘铭传见朝廷顽固派势力甚嚣尘上,气愤归乡。

● 1882 年（光绪八年）46 岁

本年,铭传仍居家赋闲。

● 1883 年（光绪九年）47 岁

本年,铭传仍居家赋闲。

●1884 年(光绪十年)48 岁

1 月 20 日(十二月二十三日),叫差役给上海徐润送去元宝 100 只。

4 月 21 日(三月二十六日),清廷上谕刘铭传来京陛见。5 月上旬(四月上旬),刘铭传主持的《刘氏宗谱》续修完毕。这是刘氏家族史上的第四次续修本。铭传为宗谱作序。

6 月(五月),铭传在杭州接电后即赶赴天津。6 月 24 日(闰五月初二日),在西太后和光绪帝召见后,上《遵筹整顿海防讲求武备折》,条陈海防十事。6 月 26 日(闰五月初四日),清廷下诏"刘铭传著赏加巡抚衔督办台湾事务"。

7 月 6 日(闰五月十四日),陛辞后,铭传到天津。7 月 12 日(闰五月二十日)到达上海。7 月 14 日(闰五月二十二日)夜冒雨渡台,两天(7 月 16 日)后到达基隆,即部署防务。7 月 20 日(闰五月二十八日)移驻台北府,筹划全台防务。

8 月 6 日(六月十六日),铭传在基隆指挥守军击退法军进攻。

10 月 1 日(八月十三日),铭传在基隆与法军激战。当日夜,下"撤基(隆)援沪(尾)"命令。次日,法军占领基隆。10 月 8 日,清军在沪尾大败法军,取得"沪尾大捷"。

自 11 月 7 日(九月二十日)起,清军在基隆附近山地与法军展开拉锯战。11 月 22 日(十月初五日),铭传接到清廷 10 月 28 日(九月初十日)上谕:"刘铭传补授福建巡抚,仍驻台督办防务。"

●1885 年(光绪十一年)49 岁

1 月 3 日(上年十一月二十五日),上谕责斥刘铭传放弃基隆,并据左宗棠折,其根子在李彤恩,下令李彤恩听候查办。刘铭传上《复陈台北情形请旨查办李彤恩一案以明是非折》,为李彤恩辩诬。

3 月 5 日(正月十九日),清军在与法军激战中失利,丢掉月眉山。刘铭传赶往基隆山地前线,部署清军防守基隆河要塞。下令"严防浪战,只准扼守"之令。法军屡次进攻,不能得逞。双方战事呈胶着状态。3 月 29 日(二月十三日),法国远东舰队司令孤拔见基隆、沪尾方面军事难以进展,即转攻澎湖,次日陷之。

4 月 15 日(三月初二日),台湾方面停战。4 月 18 日,中法《天津会议专条》签订。法军对台湾海峡封锁解除。

6月11日（四月二十九日），郁郁寡欢的孤拔在澎湖醉酒病死。6月21日（五月初九日），法军从基隆撤军，留下一个巨大的坟场。

7月22日（六月十一日），法军从澎湖撤军，至8月4日（六月二十四日）撤毕。是月，刘铭传上《严劾刘璈折》。饬令刘朝干在台北府城北门外大稻埕处督造军器局和军械所。月底，乘兵轮驰赴安平、旗后、澎湖等地，往返2000里察看形势，筹划设防。

8月（七月），铭传在台北府城筹设电报总局，任命张维卿为总办。8月26日（七月十七日）上《道员攻剿已抚番社请旨惩办副将折》，请旨将擅杀台南率芒、董底二社高山族居民的副将潘高升革职，发往军台，以示警诫，获准。

10月12日（九月初五日），清廷下诏，台湾建省。刘铭传为首任巡抚。

11月（十月），铭传饬令刘朝祜修筑一条从台北马来至宜兰的长百余里的山路，至1886年1月（十二月）竣工。11月25日（十月十九日），淡水东南三十里8社高山族居民到屈尺庄归抚。

12月1日（十月二十五日），铭传购英国"威利"号轮船，赴台听差。在香港定造的"如川"轮也正式在台使用。

●1886年（光绪十二年）50岁

2月，刘铭传督促台湾各海口修筑铁水泥灌注的新式炮台。到1888年7月（十四年六月），共筑炮台10座，安装17尊英国进口的阿马士顿后膛大炮及若干尊"加农炮"。

3月，闽浙总督杨昌濬赴台探视刘铭传病，并面商建省事。台湾军器局工厂及军械所建成。3月8日（二月初三日），刘铭传至大科坎督兵进攻"大科坎"诸番社，3月14日归台北府城。

4月（三月），清廷下诏："闽台防务甚紧，该督抚等商办一切，务当和衷共济，不分畛域，力顾大局。"并催令速办开省事宜。4月20日（三月十七日），清廷批准刘铭传所上《奏留李彤恩片》，李彤恩获准回台湾工作。

5月21日（四月十八日），铭传上折请求在台实行清赋，6月9日（五月初八日）获准。即设立清赋总局，7月9日（六月初八日）通告全台。7月24日（六月十六日）征收新赋。公元1890年（十五年十二月）清赋告竣。公元1892年6月（十七年五月）清赋总局撤销。

7月(六月),铭传奏请抚垦,设抚垦总局,自任总办,以林维源为帮办。

8月(七月),铭传委李彤恩、丁达意筹办樟脑官办事业。10月19日(九月二十二日),上折正式奏请,获准,乃设全台樟脑硫磺总局。公元1891年1月25日(十六年十二月十六日),奉诏停办。

10月(九月),铭传委派张鸿禄、李彤恩到南洋各国考察商务,并在新加坡设立招商局,向华侨商人招徕商股。竹头角番社起兵反抗,铭传饬令进攻。

善后、法审、官医、伐木各局于本年开办。

●1887年(光绪十三年)51岁

2月(正月),铭传委张士瑜为总办,开办煤务局,恢复基隆煤矿。

3月(二月),铭传在台北府大稻埕六馆街设立西学堂,委任留学生张尔诚为总监,直属巡抚衙门。

4月13日(三月初六日),铭传奏请在台湾兴筑铁路,获准后,即设立铁路总局。铁路总局首任督办林维源,第二任督办杨宗瀚,第三任督办刘朝干。

7月(六月),铁路自台北大稻埕大桥头起工,先筑台北至基隆段,至公元1891年1月(十六年十二月)竣工,全长约30公里;公元1888年(十四年)再筑台北至台南段,至公元1893年12月(十九年十一月)展延至新竹即停止,长68公里。台湾铁路全长100公里。

8月29日(七月十一日),批准淡水绅商士民对西班牙天主教传教士何铎德的3条约束条约,通告全台一地移行遵办。

9月(八月),沪尾海口至福州川石山海底电缆敷设成功,约长217公里。12月上旬(十月下旬),安平海口至澎湖妈祖宫港海底电缆也敷设成功。从此,台湾与祖国大陆电讯畅通。

10月3日(八月十七日),铭传会同闽浙总督杨昌濬上《台湾郡县添改撤裁折》

10月23日(九月初七日),刘铭传和杨昌濬联衔所上《台湾郡县添改裁撤折》获清廷批准。台湾省自此设立台北、台湾、台南3府及台东直隶州一州,下有11个县和5个厅,奠定了台湾今日政治、经济和文化中心的布局。本月,铭传派员仿浙江例,接管沪尾、旗后

两海关,税收由巡抚就近监督。整顿台湾茶业,促使"永和兴"茶郊创立。设立台北通商局和"兴市公司",专管城市建筑、铺路等事务。

11月(十月),铭传饬令全台北府城及通商口岸设立清道局,专事清扫街道工作。并聘请日本人前来凿井,装置半机械化供水设备,曰"自来水",汲者便之。

●1888年(光绪十四年)52岁

1月3日(上年十一月二十日),基隆煤矿改为官办。

2月22日(正月十一日),铭传在上年所设的邮政局正式对外营业。全台设邮政总局一个,邮政分局(站)43个,发行邮票。

3月1日(正月十九日),接受清廷新颁"福建台湾巡抚"关防及布政使、布库大使和司狱印各一颗,通告全台正式启用。

4月13日(三月初三日),上折与总理衙门辩论台湾通商口岸区域界限事,5月3日(三月二十六日)又上《台湾府城不能作通商口岸片》,据理力争,获胜。

5月(四月),铭传饬令在台北淡水港口的望高楼处设置新式灯台一座,使台湾近海航行较为安全。

6月(五月),在台北设全台盐务总局。购进大批电气灯,燃煤为之,曰"自来火",凡台北巡抚、布政各官署、机器局及大街、商店均点之。

8月初(六月底),军器局又兴筑一大机器厂。台东番社起事,抚平。

9月(八月),刘铭传饬令吴宏洛督兵丁在澎湖妈祖宫港处凭海筑城,至公元1889年(十五年五月)竣工。

10月5日(九月初一日),彰化鹿港地区发生反对清赋的"施九缎事变",大地主相互勾结搞暴动,10月15日,事变被剿平。

●1889年(光绪十五年)53岁

2月21日(正月二十二日),铭传奉诏赏加太子少保衔。

3月4日(二月初三日),慈禧太后"归政",光绪帝"亲政"。3月9日(二月初八日),铭传上《复陈津通铁路利害折》,力主在京师建筑铁路,并驳斥顽固派"守祖宗之法"言论。3月14日(二月十六日),上折清廷,奏报全台高山族番社全部就抚。

4月11日(三月十二日),铭传奏请在台湾为前两江总督沈葆桢、前署福建巡抚吴赞诚设专祠以表彰他们治理台湾的功绩。9月4日（八月十日），获清廷批准。

6月（五月），在视察基隆、沪尾炮台安置新运来的阿马士顿后膛炮时，曾登基隆山，用望远镜东望日本时说："彼葱郁者非日本三岛耶？失今不图，吾且为彼虏乎！"

7月19日（六月二十二日），铭传上折奏请将基隆煤矿承包给英商范嘉士承办，未获准。

8月（七月），铭传饬令在台湾府彰化县桥孜图地区建筑省会。

10月、11月（九月、十月），铭传派云林县知县李联奎等赴安徽、浙江等省，搜集蚕桑之种及栽饲之法，编印成书，颁发给台湾农民、商人。又购棉籽，通饬各厅县播种。蚕、桑、棉于是在台湾逐渐生根、传播。

12月（十一月），户部奏准自十六年（公元1890年）起，为修筑芦汉铁路，台湾省同直隶、河南、陕西、山西、山东、湖北、江宁、江苏、安徽、浙江、江西、广东、福建等省一样，每年调拨中央5万两白银作为经费，标志台湾一改依靠国家和外省接济的局面。

是年，台湾全年财政收入由原来的90万两增为300余万两。大科坎番社又起事。

●1890年（光绪十六年）54岁

2月12日（正月二十三日），收抚台北内山加九岸番社。2月15日（正月二十六日），清廷赏加刘铭传兵部尚书衔。同日，铭传去宜兰南澳地区"剿"抚诸番社，直至3月21日（闰二月初一日）方归台北府城。

4月20日（三月初二日），奉上谕："福建台湾巡抚刘铭传，着帮办海军事务。"举朝欣羡。

6月3日（四月十六日），刘铭传上折谢恩。本月，铭传在台北大稻埕建昌街电报总局，内设立电报学堂一座，以培养制器手和司报生，开台湾培养专门人才之先河。又在台北设番学堂一所，招收台湾著名番社头目子弟入学，以培养台湾抚垦人才。饬令办蚕桑局，以林维源和李春生为正副总办。又筹设台湾龟山水力发电所，利用淡水河支流南势溪水之落差发电，预计发电量750千瓦。

6月至8月，因病奏请清廷开缺，奉殊批："着赏假三个月，毋庸

开缺。"

7月5日（五月十九日），积极支持刘铭传在台湾进行改革开发的醇亲王奕譞逝世，铭传悲痛欲绝。

8月16日（七月初一日），铭传上折请旨将基隆煤矿交给商人承办，以改煤矿月亏损银数千两局面。

9月28日（八月十五日），总理大臣奕劻和户部尚书翁同龢向光绪皇帝上折进言，指出铭传此举有"可疑者三"、"必不可行者五"，要害是使"商有权而官无权"，责问"天下有是政体乎？"

10月5日（八月二十二日），为将基隆交商办事，铭传被吏部以"违制律私罪"，议以革职处分，因无人愿意替代，上谕加恩改为革职留任处分。

●1891年（光绪十七年）55岁

1月7日（上年十一月二十七日）和4月12日（三月初四日），铭传两次上折请求免去他的一切职务。

5月30日（四月二十三日），上谕："刘铭传奏病假仍未痊恳请开缺一折，福建台湾巡抚刘铭传，着准其开缺，并开去帮办海军事务差使。"

6月1日（四月二十五日），铭传上《开缺假归折》。6月4日（四月二十八日），即派人将福建台湾巡抚关防交沈应奎，由他护理巡抚。当天，铭传携带妻儿乘"海镜"号兵轮离台返乡。

6月（五月），铭传暂居南京别墅刘和厅。

秋，铭传第四子刘盛芥在南京秋试中中举。

11月25日（十月二十四日），新任福建台湾巡抚邵友濂抵台视事，至公元1894年11月（光绪二十年十月），将刘铭传在台新政大部废除。

●1892年（光绪十八年）56岁

春，刘铭传第四子刘盛芥参加礼部试不第。

5月（四月），铭传携妻儿从南京刘和厅赴六安九公山刘新圩隐居。纳李氏二姊妹为妾。大李氏17岁，小李氏14岁，二人侍寝左右。

●1893年（光绪十九年）57岁

本年，铭传隐居六安九公山刘新圩。

●1894 年（光绪二十年）58 岁

2 月 6 日（正月初一日），肥西刘老圩失火，房屋家产焚烧殆尽，唯貌季子白盘被抢救出来。铭传严厉责斥大儿子刘盛芬。盛芬情急自杀身亡，时在 1894 年 4 月 6 日（三月初一日），铭传深悔之。2 月 8 日（正月初三日），朝鲜东学党起义。

6 月 2 日（四月二十九日），日本内阁决定出兵朝鲜。6 月 3 日（四月三十日），朝鲜正式致书宗主国清廷，要求派兵援助。6 月 5 日（五月初二日），直隶提督叶志超奉命率兵赴朝鲜。6 月 10 日（五月初七日），日本公使大岛圭介率数百名日军进入汉城。6 月 12 日（五月初九日），日军先头部队 800 余名在朝鲜仁川登陆，次日开赴汉城。6 月 16 日（五月十三日），日军 4000 余人抵仁川。6 月 20 日（五月十七日），李鸿章要求俄使喀希尼出面调停朝鲜事。

7 月 2 日（五月二十九日），李鸿章奉旨电召刘铭传出山，并派其子李经方到刘新圩敦请。铭传回信："朝廷果使铭传督师，则请练兵四十万，以二十万分屯沿海，而以二十万扼鸭绿江，不使日人越江一步，兵法所谓先发制人者也。"7 月 15 日（六月十三日）和 7 月 29 日（六月二十七日），李鸿章又两次奉旨电召刘铭传，铭传因病魔缠身和家遭剧变，回电："病未愈，目昏耳聋，万难应召。"期间，日军于 7 月 23 日（六月二十一日）闯入朝鲜王宫，劫持国王，组织傀儡政府。7 月 25 日（六月二十三日），日舰击沉中国"高升号"兵船。7 月 29 日（六月二十七日），日军进攻朝鲜牙山，清军败走。

8 月 1 日（七月初一日），中日双方同时向对方宣战。

9 月 15 日（八月十六日），日本进攻平壤，清军将领左宝贵战死，统帅叶志超溃败，狂奔数百里，丢弃所有粮械军资。

10 月 5 日（九月初七日）和 10 月 12 日（九月十四日），李鸿章又奉旨两次电召刘铭传出山担任朝鲜前线统帅。铭传终因病重难以奉诏视师。10 月 20 日（九月二十二日），日军占领朝鲜义州。10 月 24 日（九月二十六日），日军一部在辽东半岛花园口登陆，进犯旅顺、大连。另一部渡过鸭绿江，侵入中国边境。10 月 26 日（九月二十八日），日军占领中国九连城和安东城。

11 月 6 日（十月初九日），日军陷辽东金州。次日，又陷大连。11 月 22 日（十月二十五日），占旅顺。

●1895年(光绪二十一年)59岁

1月5日(上年十二月初十日),清廷派张荫桓、邵友濂前往日本议和,被拒。

2月(正月),铭传在病榻上闻翁同龢派金石学家吴大澂出师辽南作统帅,曾叹息:"观吴大澂之出,何啻王化贞之抚辽?夫翁氏之处枢廷,何啻叶向高之为相?"2月13日(正月十九日),清廷派李鸿章为头等全权大臣与日议和。

3月20日,李鸿章及其子李经方和美国顾问科士达抵日本马关与日本伊藤博文开始谈判。3月25日,日军陷台湾澎湖。

4月17日(三月二十三日),中日签订《马关条约》,中日甲午战争结束。4月19日,台湾绅商士民挽留新巡抚唐景崧守台保台。

5月29日(五月初六日),日军在台湾登陆。6月2日(五月初十日),清政府派李经方办理割让台湾手续。铭传闻讯后,忧思郁结,口吐鲜血不止,在刘新圩病倒。6月7日(五月十五日),日军进占台北。

●1896年(光绪二十二年)60岁

1月11日(上年十一月二十七日),铭传昏厥过去。醒来后,对家人叙述幻听现象:"闻天鼓鸣两日,又闻宅房有鼓吹声。"他"自知不起,伏枕口授遗疏"。1月12日凌晨(上年十一月二十八日)1时逝世。1月13日,妾小李氏"绝粒"而死,1月16日,妾大李氏"绝粒"身亡。3人均葬于肥西金桥乡吴家小院墙。